知的生きかた文庫

つい人に話したくなる
日本のなるほど雑学

坪内忠太

JN108870

三笠書房

◇はじめに

ふとした時に、だれとでも会話が弾む！「雑談力」が上がる本

日本にずーっと住んでいると、毎日の生活のことや、お祭りや、四季折々の行事、または、日本の食べものやいろいろな歴史のことなど、慣れてしまって、当たり前のことと感じてしまいます。

それがどうしてそうなっているのか、もともとの由来はどうなのか、などをわざわざ考えない。つまり、なんとなくそうだから、そうなっている、としているわけです。

しかし、何ごとにもはじまりがあり、理由があります。それも、自分がぼんやりと思っていたこととはまるっきり違っていたりするのです。それを知ることは、意外な発見です。住んでいる国のことですから、再発見といえるでしょう。

それが、思ってもいないことだったりすると、とてもおもしろく、頭もピカッと輝く気がします。人にもきっと言いたくなるはずです。

本書はそうした、予想外の答えがある「日本のあれやこれや」の雑学を集めてみました。

●なぜ、畳のヘリを踏んではいけないか?
●大名行列を横切ってもいい平民がいた。だれか?
●特別に刃が出ているのではないのに、なぜ出刃包丁か?
●温泉のない都道府県はない。ホント?
●東京タワーの鉄骨は、もとは戦車だった?
●なぜ、赤飯にごまを振って食べるか?
●なぜ、ウソつきのことを「ホラ吹き」というか?

会話のネタにもなると考えています。ぜひ楽しんで活用してみてください!

坪内忠太

◎目次

1章 【日本の神仏、歴史】雑学

おみくじで「凶」が出たら再挑戦してよいか？

2章

1円玉に描かれている木は、何の木か？

【わかりそうでわからない、身の回りの】雑学

3章

東京ではなぜ、うどん屋よりそば屋が多いのか？

【日本の食べ物】雑学

4章

ツバメが低く飛ぶと、雨が降るのはなぜ？

【日本の生きもの】雑学

5章

マイクテストはなぜ、「本日は晴天なり」というか？

【実は知らない、意外な】雑学

6章

なぜ、城には松がたくさん植えてあるのか？

【日本の植物・自然】雑学

7章

「夏も近づく八十八夜」の八十八夜とは？

【日本のしきたり】雑学①春夏

8章

元旦に掃除をしてはいけないのは、なぜ？

【日本のしきたり】雑学②秋冬

本文イラスト／化猫マサミ
本文ＤＴＰ／株式会社Ｓｕｎ Ｆｕｅｒｚａ

1章

おみくじで「凶」が出たら再挑戦してよいか？

【日本の神仏、歴史】雑学

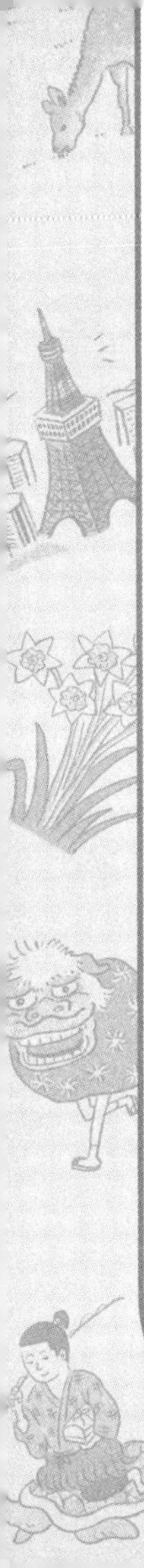

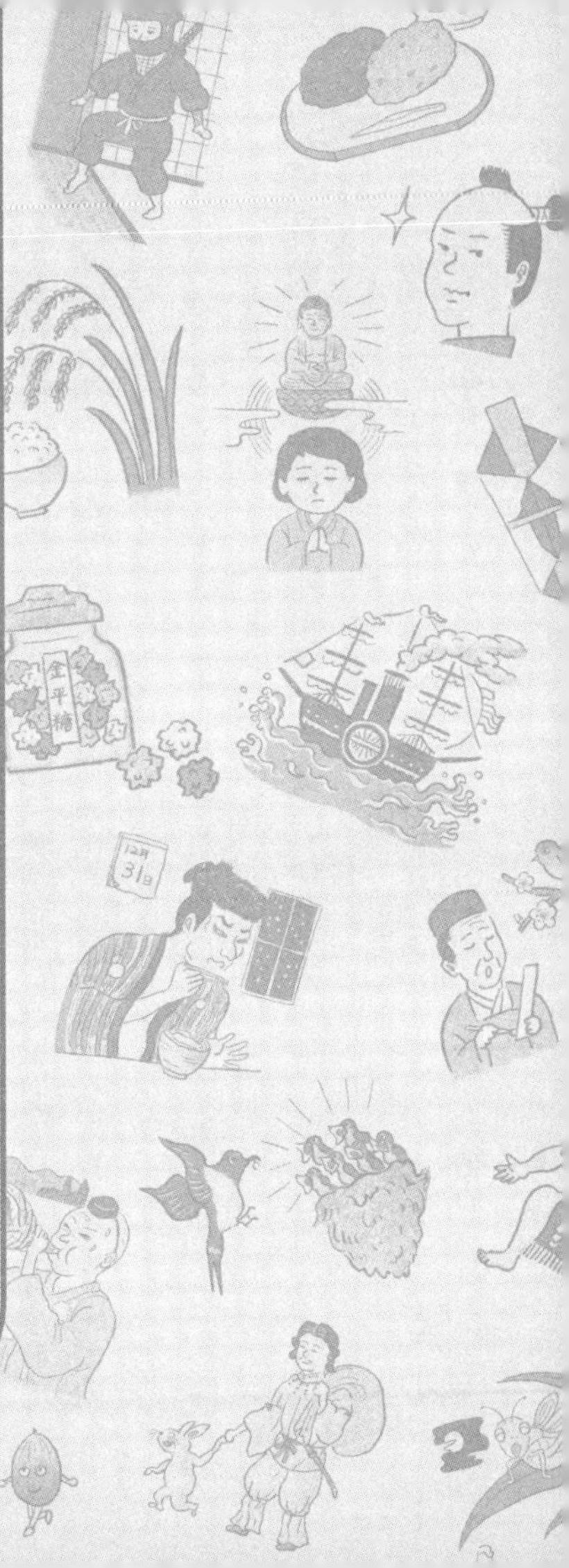

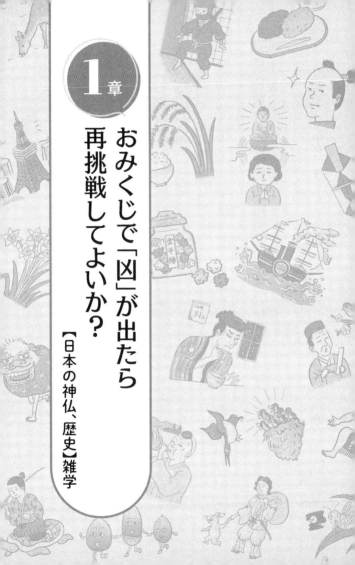

おみくじで「凶」が出たら、再挑戦してよいか？

おみくじがうらないとわかっていても、吉と凶は気になる。とくに凶が出たら、とても気になってしまう。だから、再挑戦をする人もいるが、これは、絶対にダメ。「再挑戦するとケガれる」といわれている。神様からいただいた言葉を疑うことになるからだ。では、凶が出たらどうしたらいい？　まず、凶の運勢を素直に受け止め、やがて吉に変わっていくことを願い、境内の木の枝などに結ぶ。「結ぶことが厄ばらいになる」のである。

なぜ、お守りの中身を見てはいけないか？

中身を見ると罰《ばち》が当たるとか、絶対に見てはいけない、というのではない。どうしても、というのなら、見てもいい。「お守り」の中には「護符《ごふ》」が納められている。

これがお守りの本体で、神社の本殿で祝詞《のりと》を上げ、神様を宿らせてある。つまり、お守りは「携帯神社」だ。そんな神聖なものだから、興味本位で袋を開け、傷つけてはいけない。だから、「見るな」といわれている。

神社の参道は中央を堂々と進むべき。ホント？

違う。中央は神様の通り道。だから、お参りする人は左右どちらかに寄って歩かなくてはならない。これはお寺でも同じ。神社に着いたら、かぶりものを取り、鳥居の前で一礼、次に手水所《ちょうずじょ》に進み、手を洗い、口をすすぐ。略式のみそぎだ。そして狛犬《こまいぬ》の間を通り、拝殿に着いたら一礼、大きな鈴を鳴らし、賽銭箱《さいせんばこ》にお賽銭を静かに入れて、一拝二拍手一礼でお参りする。「拝《はい》」とは深くおじきをすることだ。

なぜ、神社にお参りしたら、パンパンと手を打つか？

お寺では静かに手を合わせるだけだが、神社ではパンパンと手を打つ。二拝二拍手一礼だ。なぜ、神社では手を打つ？

それは、自分がお参りに来たことを神様に気づいてもらうためである。日本の神様は、「魂振《たまふ》り信仰」といって、鈴や鐘、太鼓でにぎやかな音を出して空気をふるわせると、元気を出してくれるのである。玉じゃりを踏みしめて音を出して歩くのも、祭りでわっしょいわっしょいとおみこしをかつぐのも、「魂振り」のためである。

なぜ、神社で絵馬に願いごとを書くか？

むかしから神様にはいろいろなものを献上してお願いをした。米をつくる農耕民族の日本人にとって、お願いの中でもっとも大切なのは「雨乞い」である。水がなければ稲は育たないからだ。そこで、干ばつでせっぱつまったときは、大切な働き手だった馬を献上した。この真剣な願いが引き継がれ、鎌倉時代ごろからは、馬の代わりに絵馬を奉納するようになった。

だから、絵馬には「必死の願い」を書く。合格祈願や病気回復など、その人にとって大切な願いごとだ。

「縁日」にお参りをすると、ご利益《りやく》が多い。ホント？

ホントだ。「縁日」というと、金魚すくい、綿菓子、焼きそば、お好み焼きなどのたくさんの屋台が並び、あちこち目移りをする。とはいっても、お参りに来たことを忘れないように。なぜ「縁日」というかというと、「その神社やお寺に祭ってある神様、仏様の降誕と何か縁のある日」ということだからだ。特別な日だから、お参りをするとふだんよりたくさんのご利益があると信じられている。ただし、最近は、ただの祭りを縁日という場合もある。

なぜ、神社やお寺には鳩がたくさんいるか？

神社やお寺にいる鳩はカワラバトという種類で、1500年前の飛鳥時代に日本にやってきた。そのころから、八百万《やおよろず》の神のお使いとして、大切にされた。また、お寺でも、殺生はしないということから、エサをやり大切にした。カワラバトは繁殖力が非常に強く、エサさえたくさんあれば、年に何度もふえる。参拝客がせっせとエサをやるので、ふえる一方である。ただ、最近はフン被害がひどいので、エサをやらない寺社も多くなった。

なぜ、お寺では柏手《かしわで》を打ってはいけないか？

お参りで柏手を打つのは神道《しんとう》の礼法。だから、お寺でやるのは完全なまちがい。仏前では、静かに手の平を合わせて合掌する。音を立ててはいけない。合わせた右手は仏様をあらわし、また清らかさと智慧《ちえ》をあらわす。左手は世俗のけがれの中にいる自分自身をあらわす。そして、両手をじっと合わせることで、仏様と一体になり、その前に身を投げ出すことになる。

インドやタイでは、日常のあいさつに合掌をするが、これは相手を尊敬するというしぐさである。

鎌倉の大仏の重さは121トン。どうしてわかったか？

奈良の大仏さんの重さは380～450トン。あいまいなのは、古文書から推測したものだからだ。これに対し鎌倉の大仏さんは121トンである。なぜ鎌倉の大仏さんの重さがドンピシャでわかるかというと、実際に量ったからである。

1959～1961年、大地震にそなえて補強工事がおこなわれた。そのとき、ジャッキで55㎝持ち上げ、23台の秤《はかり》で2回測定し、その平均値を出した。また、材質調査もおこなわれ、かつては表面が金箔でおおわれていたこともわかった。

奈良の大仏の中には何もない。ホント？

違う。先ほど書いたように、奈良の大仏さんの重さは推定380～450トン。鎌倉の大仏さんが121トンだから3倍以上も重い。銅でつくった鋳物《いもの》だから、中は空洞だが、本体だけでこの重さを支えることはできない。そこで、内部にはぎっしりと丈夫な木組みがかましてある。

この大仏さんは、752年にできてから、何度も戦火や地震にあい、そのたびに修復して現在の姿がある。内部の木組みは江戸時代の1692年につくられたものだ。

奈良の大仏は黄金色だった。ホント?

ホントだ。いま見る奈良の大仏さんはにぶい銅色をしているが、奈良時代には黄金色に輝いていた。752年に大仏の開眼供養がおこなわれ、このとき4万人近い人が集まったと正倉院の史料にある。といっても、開眼供養のときはまだ金でおおう作業が始まったばかりで、大仏さんの黄金色は完成していなかった。黄金色に輝いたのは、ずっと後に金めっきが完成してからである。完成前に人を集めて開眼供養を急いだのは、大仏建造を進めた聖武天皇が重病になったからだといわれている。

なぜ、大仏殿は地震で倒れないか?

奈良の東大寺大仏殿は、世界最大の木造建築である。その屋根には、1枚の重さが40kgもある瓦が16万4000枚ものっかっている。その屋根を、礎石の上にある直径3mの通し柱36本で支えている。もちろん、大きな地震が来ると、大仏殿は揺れる。揺れるが、もし建物が27度以上どちらかに傾くと、傾いた側の瓦が落ちるようになっている。落ちると、そちら側の屋根は軽くなり、瓦が残っている方の重みでもとに戻る。すなわち、大仏殿は揺れるだけで倒れないのである。

なぜ、お寺には三重塔や五重塔があるか？

紀元前に、インドを統一したアショーカ王はお釈迦様の遺骨(仏舎利《ぶつしゃり》)を8万4000個に分け、インド全土に8万4000の仏塔を建てた。この仏塔が中国を通って日本に伝わるうちに、三重塔、五重塔、七重塔になった。

塔には、お釈迦様の遺骨が納められている(ことになっている)。だが、実際には、遺骨には限りがあるので、塔には経文などが納められている。ただ建前は、納められているのは遺骨（仏舎利）だ。言い伝えによると、法隆寺の五重塔には本物の遺骨が納められたという。

なぜ、お祭りにみこしをかつぐか？

掛け声にぎやかにかつぐお祭りのおみこしは、神様の乗り物である。いつも人々を守ってくれる神様だが、何もしないで放っておくと、だんだん力が落ちてくる。だから、1年に何回かお祭りをして、おみこしに乗せ、揺り動かし、掛け声をかけて、元気づけるのである。みこしに乗って揺さぶられると、さすがの神様もぼんやりしているわけにはいかず、しだいに活力を取り戻し、霊威が高まるとされている。

キツネは肉食なのに、なぜお稲荷《いなり》さんに油揚げをお供えするか？

商売繁盛の神様として人気のある稲荷神社（お稲荷さん）には、白キツネが2匹いて、たいてい油揚げがお供えしてある。キツネは肉食だから、大豆（植物）からつくる油揚げが大好物なわけはない。では、どうしてお供えしてある？

じつはむかしの人が、ネズミをつかまえてくれるキツネに感謝し、巣穴に農作物などを置いたが、そのうちキツネが唯一食べられるのが油揚げだった。それをキツネの好物と勘違いしたのである。

彼岸になぜ、お墓参りをするか？

あの世は、仏教では極楽浄土だが、西方浄土ともいって、真西の方角にあると考えられている。彼岸の中日《ちゆうにち》の、春分の日と秋分の日は、昼と夜の長さがほぼ同じというだけでなく、太陽は真東からのぼり、真西に沈む。すなわち、お彼岸の中日には、太陽はあの世の方角（真西）に沈む。

だから、お彼岸には、真西のはるか彼方にあるとされているあの世に向かって礼拝し、また祖先が眠っているお墓にお参りするのである。

なぜ、お墓参りで墓石に水をかけるか？

お墓参りに行くと墓石に上から水をたっぷりとかける。墓石がいたむから、しない方がいいという人もいるが、心配は無用である。お墓参りでかける水の量は、雨にくらべればほんの少量だ。水をかけるのは、あの世の餓鬼界《がきかい》に迷い込んでいるかもしれないご先祖様にのどの渇きをいやしてもらい、また、お墓参りにきた人の前にあらわれてもらうための合図でもある。あらわれるのは、もちろん霊魂だ。だから、たっぷりとかける。水には魂を清める効果もある。

石の包丁はスパッとよく切れる。ホント？

ホントだ。2万年以上前の石器時代の原日本人は、石で斧や槍をつくっただけでなく、料理に必要な包丁やナイフのような大型の刃物もつくった。遺跡からたくさん発掘されている。それにしても、石の刃物でちゃんと切れるのだろうか？

そこで、考古学者が石の包丁の切れ味を20㎝くらいのアジで実験したところ、2～3回軽く動かしただけで、出刃包丁のようにきれいに切れたという。

2本の「箸《はし》」を使い始めたのは、だれ？

聖徳太子だ。聖徳太子が2本の「箸」を使うまで、日本では竹を折ってピンセットのように挟んで使っていた。それが「箸」だった。といっても、使ったのは天皇だけ。ほかの人は手の指で食べていた。607年、第1回遣隋使となった小野妹子らが、中国では「箸」と匙《さじ》で食事をしているのを見て驚いて、帰国後、この作法を聖徳太子に報告した。そこで太子は、2本の「箸」を使った食事作法を朝廷の人に習わせた。このときから、日本で食事に「箸」を使う習慣が始まった。

平安貴族の平均寿命は60歳ってホント？

違う。平安貴族の平均寿命は、歴史家・樋口清之氏の『秘密の日本史』によると、女性は27歳、男性は32歳だから、全体で平均すると30歳くらい。いまの平均寿命85歳よりも55歳も短い人生だったのだ。紫式部は40歳、清少納言はそれより少し長生きだったらしい。死因の54％は脚気《かっけ》だった。ビタミンA、ビタミンB1の欠乏、つまり栄養失調だったのである。当時の貴族の食べものは、見た目の美しさには気を配ったものの、乾物ばかりで、ビタミンのほとんど取れない偏ったものだった。それがよくなかった。命を縮めた。

源頼朝はなぜ、鎌倉で幕府を開いたか？

源頼朝は、平家が京の都でぜいたく三昧なのを見て、平家は貴族に取り込まれて、武士を捨てたと断じた。そして、京都に近すぎることは滅亡につながると考えた。

そこで自分は、京都から離れた地で武士の政権をつくろうと、鎌倉に幕府を開いた。配下の武士には働きに応じて土地を与え、守護、地頭として地方に配し、土地と密着した生活をさせた。そして、いざというときは鎌倉に駆けつけるよう鍛錬をさせた。

頼朝は貴族に対して優位を保てる武士であり続けようとしたのだ。平家の二の舞にならないためである。

江戸時代の前までは1日2食。なぜ、江戸時代に3食になったか？

江戸時代より前は、夜は明かりがほとんどなかったので、太陽が沈み、暗くなったら、人々はすぐ寝ていた。起きている時間が短いので、食事も朝と夕の2食で足りた。

江戸時代になると、事情が変わった。菜種の栽培が広くおこなわれるようになり、菜種油がたくさん取れるようなったのだ。夜は菜種油をもやして、灯台や行灯《あんどん》がともされ、室内が少し明るくなった。明るいので、人が起きている時間も長くなった。するとお腹もへる。それで、朝、昼、夕の3回食べるようになった。菜種油が取れるようになったから、3食取るようになったわけだ。

大名行列を横切ってもいい平民がいた。だれか？

江戸時代の大名行列は、たとえば、紀州藩（徳川家）は4000人、加賀《かが》藩（前田家）も4000人、仙台藩（伊達家）は3000人、薩摩藩（島津家）は1800人の大行列だった。もちろん、小さい藩は人数も少なくなるが、それでも通り過ぎるには時間がかかる。人々は脇に寄ってひれふして、大名行列が通り過ぎるのを待つしかない。下手に横切ると、「無礼な」といって斬り殺されることもあった。ただ、出産の取り上げに向かっているお産婆さんは、列を乱さないなら、行列の前を横切ってもいいと許されていた。

大名行列の殿様は、トイレをどうしていた？

大所帯の大名行列は何千人もの人が、食事、睡眠、着替え、トイレなど、日々必要なことをしながら行進していくのだから、大変だ。食事、睡眠、着替え、トイレなどはおもに宿でされたが、たとえば、道中で殿様がトイレをもよおしたらどうしたか？それも何もないところだったら？

心配は無用だ。行列には「トイレかご」があり、殿様から合図があると、素早く横づけされた。中には携帯トイレ（いわゆるおまる）が準備されていて、殿様は移動しながら用をたしたのである。

江戸時代に交通事故で死刑もあった。ホント?

ホントだ。江戸時代は歩いて移動するのがふつうだったが、荷車を牛や馬に引かせたり、急ぐときは馬をすっ飛ばしたりもしていた。当然、ぶつかったり、暴走したりの事故もあり、ケガ人や死者も出た。

江戸時代のはじめのころは、事故はわざとではないからと処罰はなかった。しかし、江戸の町が過密化して人の往来もはげしくなっていき、事故もふえていったので、8代将軍・吉宗の時代から、流罪（島流し）、あるいは死刑に処されることもあった。

江戸城になぜ、天守閣がないか?

有名な姫路城にも大阪城にも天守閣がそびえているが、江戸城（いまの皇居）にはない。江戸時代、日本の頂点にいた徳川将軍の城なのに、なぜないか?

じつは天守閣はあった。江戸時代の1607（慶長12）年から1657（明暦3）年までの50年間はあった。だが1657年の大火事（明暦の大火）で焼け落ちた。当初再建するつもりで、天守台まで造ったが、天守閣を築く段になり、復興の采配を振るった保科正之《ほしなまさゆき》がストップをかけた。天守閣とは、戦のとき物見や武器庫として使うもの。泰平になり、もはや天守閣は不要という理由で、城下の復興を優先した。その後、江戸城下の復興が進んでも、天守閣はとうとう再建されなかった。

江戸時代、マグロのトロは捨てられていた。ホント？

ホントだ。すし屋で大人気のマグロの大トロ、中トロ。江戸時代は、いまと違って冷蔵技術がなかったので、相模湾で取れたマグロは江戸岸に運ばれる間にいたんだ。とくに、いまや大人気のトロのような脂身の部分はいたみが早く、捨てられたり、畑の肥料にされたりした。「猫またぎ」ともいわれ、魚が好物の猫すら、またいで見向きもしないといわれた。

江戸時代も1800年代になると、マグロは、醤油につけた、いわゆるヅケで、江戸っ子に人気が出たが、それでも、脂の乗ったトロの部分は、醤油につけても塩分がよくしみ込まず、悪くなったので、やはり嫌われた。

マグロのトロに人気が出たのは1960年以降のことだから、ごく最近である。

江戸時代の銭湯は防火用水だったって、ホント？

ホントだ。江戸幕府は江戸の町内ごとにかならず銭湯（風呂屋）をつくるようにおふれを出した。もちろん、人々が風呂に入って清潔に暮らすことができるようにするためだが、もう一つ、防火のためでもあった。というのは、当時は町中に防火用の貯水池がなく、ため池も少なかったからだ。

銭湯には、前日の湯を捨てたら、すぐ新しい水を入れておくことを義務づけていた。江戸の町は建物が密集し、火災都市といわれるほど火事が多かった。「火事と喧嘩は江戸の花」という言葉まである。

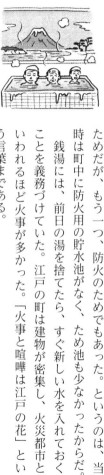

江戸時代の男の人は、なぜ頭をそっていたか？

ひたいから頭のてっぺんまでそり上げた部分は、「月代《さかやき》」というが、もともとは、鎌倉時代や室町時代の武士が、かぶとをかぶったときに、頭が蒸れないようにしたものだ。蒸れると、頭がかゆくなり、気が散る。かゆくて命をかけた戦いに支障をきたしては大変だ。

はじめは出陣のときだけだったが、戦乱が続くようになると、日常的になった。その当時の月代は毛をそらず、毛抜きで抜いていたため、頭が血だらけになっていたらしい。その後、戦国時代になると、毛は抜かずにそるようになった。

江戸時代になると、武士の習慣が「強い男のしるし」として町人にも広がり、風俗となった。そっている月代の毛はすぐに伸びてくる。いつも青々とそり上げているのがカッコよかったので、わざわざ青く染める人もいたらしい。

なぜ、江戸時代の医者は坊主頭が多いか?

時代劇に出てくる医者(漢方医)は、坊主頭が多い。なぜかというと、お坊さんが漢学の知識(漢方)を生かして、医者もかねていたからだ。

いまと違って、当時は医者に資格はなかったから、読み書きのできない医者や独学の医者でも、看板を出せばその日から町医者として開業できた。そんなだから、「藪《やぶ》医者」や、藪にもなれない「筍《たけのこ》医者」といわれるような下手な医者もいた。町医者の診察料は、庶民にとっては高く、いまのお金で2万~3万円もしたようだ。それに薬代もかかるから、とても庶民は気安く診《み》てもらえない。それで庶民は病気になると、はりきゅうや薬売りを頼りにした。

トマトは江戸時代から食べられていたってホント?

違う。トマトは南米アンデスが原産地だが、16世紀にスペイン人がヨーロッパに持ち帰り、江戸時代前期（17世紀）に長崎に入ってきた。しかし当時は、トマトの青臭さや、熟れると真っ赤になるのが嫌がられ、食べなかった。江戸時代、トマトは園芸植物として育てられた。明治になって、トマトはあらためて他の西洋野菜といっしょに入ってきたが、それでもトマトの青臭さや酸っぱさが嫌われ、食べなかった。しかし、トマトケチャップやウスターソースがつくられ、しだいにおなじみになった。

生のトマトをたくさん食べるようになったのは、品種改良が進んだ昭和になってからだ。いまは甘いトマトもつくられて、大人気である。

幕末にやってきたペリーの船は、なぜ黒かったか？

ペリーの黒船は軍艦だから、大砲を装備していた。そんな重装備の船のイメージから、頑丈な黒い鋼鉄製の船だったと思いがちだが、そうではない。木造船だ。だから腐食する。防腐と防水の必要から、コールタールを塗っていた。コールタールは石炭からつくる真っ黒い液。だからしっかり塗って、黒い船だった。ペリー以前にやってきたロシアやポルトガルの外国船も、防腐と防水のため黒いピッチ（樹脂）を塗っていて、やはり黒船だった。当時は外国船を「黒船」といっていたのだ。

ペリー艦隊は太平洋を渡ってやってきた。ホント？

違う。ペリーの黒船は、アメリカからやってきたのだから、太平洋を航海したのだろうと思っていたら、そうではない。

ペリーが乗ったミシシッピ号は、アメリカの東海岸にあるフィラデルフィアで造られた。１８５２年11月、ミシシッピ号はアメリカ東海岸バージニア州のノーフォーク港を出発した。そして、大西洋を進み、ポルトガルの南西にあるマデイラ島を通り、セントヘレナ島を経由し、アフリカ南西端のケープタウンを回って、モーリシャスに行った。そしてセイロン島に寄り、シンガポールから南シナ海を通って、香港、上海に寄港し、そこから琉球（沖縄）に寄って、小笠原にも回って、浦賀に来た。半年もかかった。

ペリーとの交渉には英語の通訳がいた。ホント？

違う。オランダ語の通訳だ。その人は堀達之助《ほりたつのすけ》という。長崎のオランダ語通詞《つうじ》（通訳）の家に生まれた。ペリーが1853（嘉永《かえい》6）年に浦賀に来たとき、交渉役の浦賀奉行所与力の中島三郎助とともに黒船に近づき、「私はオランダ語を話すことができる」とオランダ語で叫んだといわれている。

アメリカ側にはオランダ人通訳のアントン・ポートマンがいたので、話が通じた。中島は英語の読み書きもできたが、会話はダメだった。

上野の西郷さんの着物は、なぜ寸足らず？

上野公園の西郷さんの銅像を見たことがあるだろう。左手で腰にさした刀をにぎり、右手に愛犬のツンをつれている。よく見ると、着ているのは、ひざくらいまでしかない寸足らずの着物である。ふだん着だ。故人の功績をたたえる像は、ふつう「正装」だ。

西郷さんは明治維新の功労者なのに、なぜ寸足らずの着物か？

それは、像がつくられた当時、西郷さんを「軍服姿」の正装にするのには、反対が多かったからだ。西郷隆盛は明治維新の功労者だが、維新後、鹿児島から明治政府に反旗をひるがえし、西南戦争を起こして、散った。1889年に大赦《たいしゃ》で国賊の汚名は解かれ、西郷さんを慕う人によって「銅像設置計画」が進んだが、軍服姿の西郷像にするには、まだ抵抗が強く、日常をイメージさせる愛犬をつれたふだん着姿になった。かえっていまでは、犬をつれた西郷さんの銅像は親しみやすく、東京の人気スポットになっている。

明治以前から、すべての人に苗字があった。ホント？

なかった。江戸時代に苗字を持っていたのは、武士・豪農・豪商で、ふつうの人（平民）は、〇〇村の与作、鍛冶屋の五平のように呼んでいた。

明治になって国民皆兵制《かいへいせい》となり、兵隊を集めるには、どこにだれが住んでいるか、はっきりさせておかなくてはならなくなった。そのため、1875（明治8）年、「平民はすべて苗字をつけなくてはならない」という法律ができた。そこで、和尚さんに頼んだり、自分で適当に考えたりして、苗字をつけた。

明治時代、なぜ人力車が大人気だったか？

いまでも、京都、奈良、鎌倉、浅草などの観光地で人力車が走っている。これは江戸時代にはなかった。人力車が登場したのは、1870（明治3）年である。かご屋の2倍の運賃だったが、すぐに全国に広がるほどの人気が出た。東京では、人力車登場の2年後には、かご屋がなくなってしまうほどの勢いだった。

人力車の人気の秘密は、座ったまま、町行く人々を上から見下ろすことができたからだという。座席の高さが人気の秘密だったのである。

2章

1円玉に描かれている木は、何の木か？

【わかりそうでわからない、身の回りの】雑学

なぜ、二十歳を「はたち」と読むか？

漢数字の一、二、三はふつう「いち」「に」「さん」と読む。これは中国から伝わった漢字の音読みだ。ほかに日本古来の、「ひ」「ふ」「み」とか、「ひとつ」「ふたつ」「みっつ」という読みもある。同じように、二十、三十、四十も、日本式に「はた」「みそ」「よそ」と読み、二十歳を「はたち」、二十日を「はつか」、三十路を「みそじ」、三十日を「みそか」と読む。「はたち」の「ち」は、数詞の「つ」が変化したもの。さらに、百は「もも」で、百田夏菜子さん（ももいろクローバーZ）は、「ももたかなこ」さんだ。

玉手箱を開けた浦島太郎は、その後どうなったか？

浦島太郎のお話では、竜宮城から陸に戻ってくると、知っている人はみんな亡くなってしまっていて、悲しくて、玉手箱を開けてしまった。すると、紫の煙が立ち上り、浦島太郎はみるみるおじいさんになってしまった、というところで「おしまい」。そう思っているかもしれないが、じつはそうではない。もともとの話がのっている『御伽草子《おとぎぞうし》』（室町時代）によると、それから浦島太郎は、鶴になって仙人の住む蓬莱山《ほうらいさん》に飛んでいき、その後、丹後の浦島に神様となってあらわれ、人々を救う。乙姫様も亀となって浦島にあらわれ、2人は夫婦の神様になって、めでたしめでたし、となるのである。

特別に刃が出ているのではないのに、なぜ出刃包丁か？

刺身包丁はうすく細い刃だが、出刃包丁は厚く、太い三角形の刃だ。魚の骨などかたいものを切っても曲がらないように、元禄時代に堺の鍛冶屋さんがつくった。

刃は厚いが、特別に出ているわけではない。では、なぜ「出刃」か？

それは、つくった鍛冶屋さんが出っ歯だったからだそうだ。出っ歯の人がつくったから、出歯包丁というわけ。しかし、商売としては「出歯包丁」より「出刃包丁」の方がイメージはいいので、やがて「出刃包丁」になった。

なぜ、幽霊はひたいに白い三角巾をしているか？

幽霊はあの世に行った人が、この世に何か強い恨みがあったときに出る。江戸時代のころからの幽霊の姿は、白い着物を着て、頭に三角の白い布をまいている。足はない。この頭の三角巾は、天冠《てんかん》とか額烏帽子《ひたいえぼし》と呼ばれ、死んだ人があの世で鬼たちに地獄に引き込まれないように魔除けのためにつけているもの。平安時代の陰陽師《おんみょうじ》が悪霊（鬼）ばらいの儀式でつけた宝冠《ほうかん》が始まりとされる。

4月1日生まれは、なぜ「早生まれ」か？

学年で、1月1日から4月1日までに生まれた人は、「早生まれ」という。同じ学年の4月2日以降の「遅生まれ」にくらべると、成長日数が少なく、幼い間は、体力や知力で差が出がちだ。そのため誕生日の届け出をわざと遅らせ、「遅生まれ」にする親もいるようだ。4月1日がなぜ「早生まれ」か、というと、法律では年齢を満で数え、4月1日生まれは、前日の3月31日の24時に満になっている。小学校入学は「満6歳に達した翌日以降の4月1日」と決まっているので、4月1日に満6歳となる4月2日生まれの子から、一つ下の学年になるのだ。

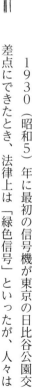

信号は赤・黄・緑なのに、なぜ赤・黄・青というか？

青信号はよく見ると、緑である。日本だけでなく、アメリカ、イギリス、フランス、ドイツでも緑である。もちろん青信号とはいわない。「グリーンライト」「グリーンシグナル」という。なぜ、日本では、「緑色」なのに「青信号」というのか？　日本では、緑のリンゴを青リンゴ、緑の葉っぱを青葉、緑のウメを青梅、緑のカエルを青蛙《がえる》というように、青は緑も含んでいるからだ。

1930（昭和5）年に最初の信号機が東京の日比谷公園交差点にできたとき、法律上は「緑色信号」といったが、人々は

「青色信号」「青信号」と呼んでいた。それで、戦後、法律上も実際の呼び名に合わせて「青信号」に変えた。

奈良公園の鹿のフン、だれが掃除しているのか？

奈良公園には1100頭以上の鹿がいる。この奈良の鹿は野生動物であり、国の天然記念物にも指定されている。当然食べては出すから、フンは毎日1トンくらいになるという。しかし奈良公園事務所ではフンの掃除はしていない。臭くはないのだろうか。じつは鹿が毎日出す大量のフンは、鹿のフンをエサにする、コガネムシ、通称「フン虫」が食べて分解してくれる。

奈良公園のフン虫は50種類もいるそうだ。

鹿がフンをすると、すぐにフン虫が食べて分解するので、フンの臭《にお》いもなく、ハエも発生しない。分解されたフンは、芝の肥料になる。フン虫が天然の掃除屋だったわけだ。

奈良公園の1100頭の鹿は、何を食べているか？

奈良公園の鹿は、鹿せんべいを人からもらって食べるが、これはおやつのようなものので、おもなエサは奈良公園に生えている芝やススキだ。馬酔木《あせび》もたくさんあるが、これは読んで字のごとくで、食べると馬が酔ったようになる毒が葉に含まれているので、鹿も食べない。

芝は刈らなければ成長しないが、奈良公園では鹿が食べるので、芝はすくすく育つ。それをまた鹿が食べる。前項で書いたように、鹿が出すたくさんのフンは、フン虫が食べて分解して、芝の肥やしになる。この繰り返しが『万葉集』の書かれた時代から、1000年以上も続いている。

複雑でわずらわしいことを「ややこしい」というが、どういうことか？

「ややこしい」と書くと、なんなんだこれは？　と思うかもしれない。しかし、その反対の言葉は「おとなしい」で、漢字では「大人しい」と書く。

では、「ややこしい」は？

「ややこ」は赤ん坊のことだ。漢字で書くと、「稚児」だ。赤ん坊は、泣いたり、むずかったりと手がかかり、親の都合は聞き入れない。ここから、わずらわしい、こみいっていることを「ややこのよう」、すなわち「ややこしい」というようになったのである。

お礼をいうとき、なぜ「ありがとう」か？

「ありがとう」は漢字で「有り難う」だが、これは、「有り難《がた》し」、つまり「有ることが難しい」「めったにない」ということだ。むかしの人は、そんな奇跡のようなことが起こるのは、神様、仏様のおかげと信じ、「有り難いこと！　お礼申し上げます」と手を合わせた。この言い回しの「お礼……」の部分がやがて省略され、「有り難いことです」だけでお礼の気持ちをあらわすようになった。だから、いまは「ありがとう」だ。

「あみだくじ」の「あみだ」とは何のこと?

平行線を何本か引き、その間に横線を入れてハシゴ状にし、たて線のはしに当たり(○)、ハズレ(×)などを書いておいて、それを隠し、みんなが引き当てるのが「あみだくじ」。やったことがあるだろう。選んだ先がどこに行くかわからないハシゴ状だが、もともとはハシゴ状ではなかった。

中央から放射状に線を引いて、そのはしに「当たり」「ハズレ」を書いていた。その放射状の線が阿弥陀如来《あみだにょらい》(あみだ様)のうしろにある後光とよく似た形だったことから「あみだくじ」といった。室町時代からやっていたといわれる。

星のすばるは、ロシア語からきた。ホント?

違う。カタカナで「スバル」と書くと、外来語のようだが、じつは最初から日本語。平安時代の清少納言の『枕草子』にも、「星はすばる。ひこぼし。ゆふづつ。よばい星、すこしをかし」とある。「をかし」とは趣があるということだ。

すばるは、「統る《すばる》」という「一つにまとまる」という意味の古語からきた。

すばるは、冬の星座牡牛座の、たくさんの星が集まった散開星団《さんかいせいだん》のことで、地球から400光年のあたりにある。ふつう、肉眼で6個くらいの星が集まっているのが見える。それが一つにまとまったように見えるところからの和名である。

漢字の「昴《すばる》」は、中国の星座二十八宿《にじゅうはっしゅく》の一つ「昴宿《ぼうしゅく》」という漢名からきている。

「冷たい」は、もともと「爪が痛い」からきた言葉?

平安時代の中ごろに書かれた物語(『落窪物語《おちくぼものがたり》』)に「つめたし」という言葉が使われている。古語辞典によれば「つめたし」は「爪痛し」からきたもので、寒い日に冷たい水に手を入れたとき、爪が痛く感じたことを体感として言いあらわした。

昔は暖房もままならず、人々は栄養もしっかり取れていなかったので、寒さ、冷たさをいまよりずっときびしく感じただろう。冬の水が爪が痛いように身にしみた。その感じが「爪痛し」となり、「つめたし」「冷たい」となった。

「四六時中」は、なぜ「いつもいつも」という意味か？

「四六時中」は、むかしは「二《に》六時《ろくじ》中《ちゅう》」だった。むかしというのは江戸時代である。「いつもいつも」という意味で「二六時中」といっていた。なぜかというと、江戸時代の1日は、12時間（十二刻《こく》）できざんでいた。12時間＝2×6で「二六時」となり、「一日中」、つまり「いつもいつも」という意味になった。十二刻とは、子《ね》の刻、丑《うし》の刻……などだ。しかし、1873（明治6）年に新暦となり、時法も変わり、1日は24時間（二十四刻）になった。なぜだか、「いつもいつも」の意味の「二六時中」という言い回しも、1日24時間に合わせて変わり、24時間＝4×6で「四六時中」となった。

1円玉に描かれている木は、何の木か？

1円玉は、木が描かれている面が表、1と描いてある面が裏である。では、表の木は何の木？　オリーブ？　お茶？　ブナ？　5円玉は稲穂とすぐわかるが、1円玉はわからない。それは、この木が「何の木でもない」からである。デザインした人によると、これは「生き生きと元気よく伸びる若木のイメージ」で、モデルはとくにないという。モデルがないなら、どの木にも当てはまるわけで、オリーブ、お茶、ブナ、どれも正しいということにもなる。

温泉のない都道府県はない。ホント？

ホントだ。日本温泉総合研究所によると、日本全国に温泉地は2971カ所（環境省データ2020年3月）ある。温泉地というのは、「宿泊施設のある温泉」のことで、47都道府県すべてにあり、日本はまさに「温泉の国」だ。

1948年にできた「温泉法」によると、25度以上であれば文句なし、それ以下でも成分を満たしていればOK。温泉地がもっとも多いのは北海道の243カ所、次いで長野県205カ所、新潟県145カ所、福島県136カ所、青森県125カ所。白《じ》噴《ふん》と動力を合わせた、ゆう出量（お湯がわき出る量）がいちばん多いのは、大分県だ。

和歌山県から富士山が見える。ホント？

ホント。地球は球面だから、富士山が見えるいちばん遠くまでの距離はピタゴラスの定理で計算できる。直線で２３６㎞だ。ただし、これは海抜０ｍでの値だから、標高があればもっと遠くからでも見ることができる。

撮影記録を調べてみると、そのいちばん遠くは和歌山県の色川富士見峠で、その距離は３２２・９㎞である。２００１年９月、アマチュア写真家が７００㎜相当の超望遠レンズを使って撮影に成功した。

ふろしきは正方形である。ホント？

違う。正方形かどうかは、ふろしきを対角線で折ってみればわかる。折って、二等辺三角形になれば正方形だが、ふろしきはそうならない。長方形だ。もともと一反の織物（大人1人分の着物をつくるための布）を切って、その天地を三つ折りにした。天地は幅より少し長くした。正方形より長方形の方が、使うときに伸びたり縮んだりして、使いやすいからだ。しかしいまでは正方形のものも出回っている。

室町時代、お風呂は蒸し風呂で、床はすのこだった。床に直接座るのは熱いので、布を敷いて座っていた。それがふろしきの始まり。また、室町時代の大名たちが将軍から風呂に招かれたとき、他の人の衣服とまちがわないように、絹布の上で着物を脱ぎ着したという記録もある。

畳はなぜ、夏は涼しく冬は温かいか？

畳はゴロンと寝っころがれる。夏は肌にひやりと感じ、冬はなんとなく温かい。そして新しい畳はいい匂いがする。こんな気持ちのいいものはないが、どうして？

気持ちのよさの秘密は、畳表に使われている「い草」にある。

畳は、稲わらを圧縮してつくった板状の畳床に、「い草」で織った畳表を張りつけてつくる。い草はスポンジ構造をしていて、たくさんの空気をふくむ。この空気が

「夏はひんやり、冬は温かい」という効果をつくる。

また、い草は、湿気を吸ったり吐いたりするので、部屋の湿度を調整し、空気もきれいにする。抗菌効果もあるというすぐれものである。

なぜ、畳のへり（畳縁《たたみべり》）を踏んではいけないか？

畳のへりを踏んではいけない理由はいくつかある。一つには、畳のへりが弱いことだ。へりには、上等な絹を使い、染色にもこったが、畳より弱い素材だったので、へりをいためないように、「へりは踏まない」ことが作法になった。また、むかしの家はいまと違って、湿気を逃がすために床が高かった。このため武家の床下には賊が忍び込んだ。賊が畳と畳のすき間をねらって、刀で突き上げるかもしれないので、畳のへりは踏むな、としつけたといわれる。
さらに江戸時代には、武家の家では家紋入りのへり（紋縁）を使うようになった。家紋を踏みつけては侮辱になるので、踏

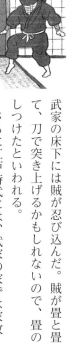

まないように大変気を使った。

畳はなぜ、同じ方向にそろえて敷かないのか?

ほこりやごみは、いまは掃除機で吸い取るが、昔はほうきで掃き出していた。それなら、畳の目は同じ方向になっている方が掃くのには都合がいい。ところが、見ればわかる通り、畳は同じ方向に目がそろうように敷いていない。なぜかというと、そろえると、四隅が合う箇所ができる。そして、それは四、つまり死に通じるとされたからである。「死の部屋」では縁起が悪い。だから、そうならないようにしている。

表札は門に向かって右側にかけてある。なぜか?

門に表札がかけられたのは、1871(明治4)年に前島密《まえじまひそか》によって郵便が始められてからだ。といっても、当時、表札があるのはお屋敷がほとんどで、一般の家にもかけられるようになるのは、関東大震災後である。関東大震災で町は壊滅し、だれがどこに住んでいるのかわからなくなった。表札があれば、郵便配達に困らない。そこで、どこの家でも表札を出すようになった。

表札は、門や玄関に向かって右側にかける。これは、古代中国の「陰陽五行説」の考え方からきている。陰陽五行説では、左が陽《よう》で、陽にはエネルギーや明るさがあるとされる。門に向かって右は、玄関側（住んでいる人）からすると、左である。

だから、表札は、住む人側からの左、つまり門に向かって右にかけられている。

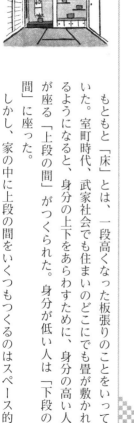

床の間は、もとはエライ人が座った場所？

もともと「床」とは、一段高くなった板張りのことをいっていた。室町時代、武家社会でも住まいのどこにでも畳が敷かれるようになると、身分の上下をあらわすために、身分の高い人が座る「上段の間」がつくられた。身分が低い人は「下段の間」に座った。

しかし、家の中に上段の間をいくつもつくるのはスペース的に大変だ。なので、上段の間を小さくして、板張りをしたものを部屋の一角につくるようになった。これがいまの「床の間」だ。身分の高い人は、この床の間に近く、床の間を背にして座るようになった。これが「上座」である。

茶の湯では、茶室の床の間には客人をもてなすため掛け軸などをかけるようになった。いまも床の間のある部屋は、お客さんを通すきちんとした部屋とされている。

なぜ街道は「がいどう」ではなく、「かいどう」か?

商店街や街頭、地下街など、「街」はふつう「がい」と読む。しかし、街道は、甲州街道、日光街道のように「かい」だ。なぜだろうか? これは「街道」が、もとは「海道《かいどう》」だったからである。むかしの主な道は、東海道のように海沿いにつくられていた。ところが、だんだん山を越えて、道は内陸にもつくられるようになり、「海道」ではしっくりこなくなった。そこで、江戸時代の中ごろ、漢字で「街道」と修正した。しかし、読みは「かいどう」のままにした。だから、街道は「かいどう」だ。

なぜ、善人を「善玉」、悪人を「悪玉」というか？

テレビドラマを見ているとき、「こっちは悪玉で、あの人は善玉」と説明したりする。この「善玉」「悪玉」は、もともとは、江戸時代の草双紙《くさぞうし》という通俗小説本の挿絵からきている。その挿絵は、心を擬人化し、よい心は、顔の部分を丸（円）に「善」と書き、悪い心は、丸（円）に「悪」という字を書いてあらわした。

それからのちの天保時代、浅草の三社祭りで、善人は「丸に善」、悪人は「丸に悪」と書いた歌舞伎舞踊が披露された。「善玉」「悪玉」は愉快に踊りまくって、庶民に大人気になり、「善玉」「悪玉」が定着した。

「灯台下暗し」というのは、海の灯台の下が暗いこと。ホント？

違う。海の航路標識も灯台（燈台）と書くので、よくまちがえられる。灯台は遠くの船に光が届くように照らすが、その足元は暗いとカン違いされるのだ。だが、この言い回しの「灯台」は、油をともして明かりを取る、むかしの室内用照明のことだ。燭台《しょくだい》ともいった。油をともした明かりだから、ほの暗いが、それでも近くで仕事はできた。だが、その真下は、明かりの近くなのだが、台の陰になるので光が届かない。だから「暗し」。そこから、「『灯台下暗し』は、近くの事情はかえってわかりにくい」という意味になった。

白地に赤の日の丸は、もとは源氏の旗だった?

太陽をかたどった旗が登場するのは、8世紀はじめ(大宝元年)だが、そのころの太陽は「金色」で描かれていた。「白地に赤丸」の「日の丸」の旗は、源氏と平家の戦いで、源氏が掲げたという説が有力だ。平家を滅ぼした源氏の旗である「白地に赤丸」は、それから、武将の旗印や縁起物のデザインとして使われた。「白地に赤丸」の旗が国旗として使われるようになったのは、幕末に「外国船と区別するために、日本の船に掲げられてから」だ。明治維新後、「日の丸」は明治3年に国旗として規定されたが、正式な法律はなく、1999年の国旗国歌法で正式に国旗と定められた。

日本の国旗は日の丸。では、国章は何？

国旗にくらべ国章はあまり知られていない。たとえば、イギリスはライオンとユニコーン、ドイツは鷲《わし》、ロシアは双頭《そうとう》（頭が二つある）の鷲、イタリアと中国は星。では、日本は？　日本国民の証であるパスポートの表紙は、天皇家の家紋の「菊の御紋」だが、じつは日本は公式に国章を定めていない。定めていないが、必要な場合は、慣例として「菊の御紋」を国章としている。ただし、日本政府の紋章は、菊ではなく、桐の花（桐花紋《とうかもん》）である。

日本橋の欄干《らんかん》に「日本橋」と書いたのは、だれか？

いまの日本橋は1911（明治44）年に架けかえられた。20代目だといわれている。長さ49mのアーチ型の石橋だ。欄干には、橋の名前を書いた「橋名板《きょうめいばん》」がある。「日本橋」と立派な文字で書かれている。これを書いたのは最後の将軍・徳川慶喜《よしのぶ》である。

日本橋を架けかえるとき、当時の東京市長の尾崎行雄が、「江戸城を無血開城し、東京を戦火から守った、東京の一番の恩人である」と慶喜をたたえて、頼んだ。当時、慶喜は74歳。橋が完成した2年後、1913（大正2）年に亡くなった。

日本橋は、いまは高速道路の下だが、橋の側面にも横組みにした慶喜の「日本橋」の文字が掲げられている。

東京駅八重洲口の「八重洲」は中国語。ホント？

違う。もともとはオランダ語からきている。人の名前だ。1600年、九州の豊後（いまの大分県）に1隻のオランダ船が漂着した。その船にはオランダ人の船員、ヤン・ヨーステンが乗っていた。彼の名前が由来だ。豊後に漂着した彼は、江戸に上り、徳川家康の信任を得て、幕府の外交や貿易の顧問として日本にとどまった。日本名を「耶楊子《やようす》」と書いた。日本の女性と結婚し、江戸城の和田倉門外の堀の岸辺に屋敷をもらった。元禄時代（1688～1704年）になると、その屋敷あたりは、ヤン・ヨーステンの和名「耶楊子」にちなんで、八代洲河岸《やよすがし》と呼ばれるようになった。のちに、八重洲と書かれるようになった。

東京駅ができて、東京駅東側の改札口は、東京駅八重洲口と名づけられた。東京駅八重洲地下街（外堀地下1番通り）には、ヤン・ヨーステンの銅像がある。

東京タワーの鉄骨は、もとは戦車だった？

ホントだ。東京スカイツリーに主役の座をうばわれた感のある東京タワーだが、まだまだ根強い人気をほこっている。東京タワーは1957年に建設工事が始まった。333mの高さは、当時では前代未聞の高さ。タワー建設には大量の鉄が必要とされたが、この鉄の調達に悩まされた。そこで業者は、朝鮮戦争で使われたアメリカの戦車に目をつけた。戦車3000両を買い取り、日本に運んで溶かし、鉄骨用の鉄として使った。その鉄の量は東京タワー全体の3分の1にあたるという。第1展望台より上は、戦車を溶かした鉄だということだ（『日本人が築いてきたもの壊してきたもの』生方幸夫　新潮社）。

東京は明治維新で「東京都」になった。ホント？

違う。1868（明治元）年、江戸城のあった江戸は、東京府とあらためられた。このときは、東京府だ。1871（明治4）年までに京都から東京へ、首都の機能が移った。同じ年、廃藩置県により、「府」は東京府・京都府・大阪府の3府になった。1889（明治22）年に、東京府の中に東京市ができたが、第二次世界大戦中の1943年、首都としての機能をより強めるという理由から、東京府と東京市がまとめられて、「東京都」ができた。だから、東京都になったのは第二次世界大戦中の1943年だ。

なぜ、小学生のカバンをランドセルというか？

江戸時代の終わり、幕府は、兵隊たちが自分の荷物を運ぶための背負いカバンを、オランダから取り入れた。オランダ語で、それをランセル（ransel）といった。そのランセルが、ランセル、ランセルといっているうちに「ランドセル」になった。1887(明治20)年、皇太子だった大正天皇が、学習院初等科(小学校)に入学するのを祝って、伊藤博文が革製のランドセルを献上した。これが広まって、いまに続いている。

京都・嵐山の渡月橋《とげつきょう》では振り返ってはいけない。なぜか？

京都・嵐山の渡月橋を渡ったところに、法輪寺というお寺がある。このお寺は、数えで13歳になった子どもが虚空蔵菩薩《こくうぞうぼさつ》にお参りし、知恵をさずけてもらう「十三参《じゅうそうまい》り」で知られている。京都では、「知恵山」とか、「嵯峨の虚空蔵さん」と呼ばれている。お参りしたあと、大切なのは、渡月橋を渡って帰るときに、振り向かないことだ。振り向くと、せっかくさずかった知恵や幸運が、お寺に戻ってしまうのだ。渡月橋は155mもあって長いから、つい忘れて、振り返ってしまいそうだ。

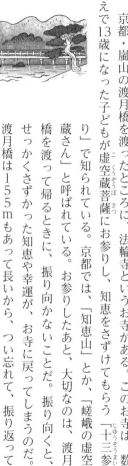

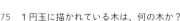

3章

東京ではなぜ、うどん屋よりそば屋が多いのか？

【日本の食べ物】雑学

白いご飯を、なぜ「めし」というか？

むかし、といっても奈良時代の終わりから平安時代だが、庶民は、ひえ、あわ、きびなどを、「分《ぶ》づき米」（ぬかが残っているお米）に混ぜた雑穀を食べていた。これに対し、貴族は、ぬかを取り除いた「白米」を食べていた。蒸した「銀めし」といわれるものだ。「めし」は「食ふ」の尊敬語で、「召す」が由来。身分の高い人が食べていたからだ。庶民が食べていた雑穀には、ビタミンB1などの栄養素がたくさん含まれているが、ぬかを取り除いた白米には、その栄養分がない。だから、栄養不足で貴族たちは脚気にかかり、早死にした。庶民は雑穀食で元気だった。

なぜ、お米をお湯で研いではいけないか？

お米をお湯で研ぐと、おいしいご飯が炊けなくなる。その理由の第一は、お湯の温度が高いと、お米の表面のデンプンがのり状になり、そのため中心部が固いまま炊き上がるからだ。「なかごめ」というが、おいしくない。また、お湯で研ぐと、洗っている湯の中にお米の糖が溶け出して、お米に臭いがつき、炊き上がったご飯の風味が悪くなる。お米は冷たい水で炊くのがよい。炊飯器の中でゆっくり水の温度が上がり、お米のデンプンがゆっくり糖に変わると、ご飯が甘くなる。

おかゆは消化によい。ホント？

違う。病気のときは胃や腸を休ませるために、おかゆを食べるのがいい、と思っていたらまちがい。おかゆはお湯で炊いて、やわらかい舌触りとのどごしなのだが、消化の点からいうと、いいというわけではない。ご飯やパンなどのデンプン（炭水化物）を消化するのは、だ液にふくまれている「アミラーゼ」という酵素。やわらかいおかゆをよくかまずに、すぐに飲み込んでしまうと、アミラーゼが出にくい。だから消化されにくいのだ。

口の中でゆっくりとご飯をかむ方が、アミラーゼがたくさん出て、消化されやすい。
また、おかゆは水分もいっしょに取れはするが、水分は胃液をうすめるので、これも消化の邪魔になる。熱が高いときなどに胃を休めるためなら、おかゆは食べない方がいい。回復して、体力をつける必要があるときは、ふつうのご飯を食べた方がいい。

釜めしは関東大震災で生まれた。ホント？

ホントだ。いまや駅弁で大人気の「釜めし」だが、本家本元の発祥の地は東京の浅草である。大正12年9月1日午前11時58分に関東大震災が起こった。東京の下町は焼け野原になったが、その3日後には、人々の空腹を満たすためにスイトンの屋台が並び、釜めしも出た。焼け跡に残されたお釜を使って混ぜご飯をつくったのである。浅草のめし屋のおかみさんが、これを改良して、1人用の釜も考案し、ご飯と具材でつくった「1人用釜めし」を考えた。それが全国に広まった。

なぜ、キュウリののり巻きを「かっぱ巻き」というか？

日本人は水田でお米をつくる。そこでもっとも大切なのが水だ。だから、用水路のそばには祠《ほこら》を建てて、水の神様（水神）と田の神様を祭っている。井戸や水くみ場に祭ることもある。水の神様には、初なりのキュウリをお供えするのが習わしだ。さて、かっぱは妖怪で、もともとは水の神様、あるいは、神様の使いとされている。「かっぱの好物はキュウリ」といわれるようになったのは、キュウリをお供えした水の神様の祭り場に、かっぱが出没すると考えられたからだ。そのことから、かっぱと好物のキュウリが結びつけられて、「かっぱ巻き」というようになった。

漬物のことを、なぜ香の物というか？

平安時代の貴族が始め、室町時代にさかんになった「聞香《ぶんこう》」という遊びがある。香木《こうぼく》（匂いのいい木）を焚《た》いて、その名前を当てるものだ。いくらいい匂いでも、かぎ続けていると鼻の感度が落ちて、にぶくなる。

そこで、においの感覚を回復させるのに効果があるとされる「大根の味噌《みそ》漬け」などを食べた。それが香の物である。このことから、浅漬けの香の物を「お新香」、大根のたくわえ漬け（たくあん）を「お香こ」といった。

なぜ、次々と「おかず」にお箸をつける「移り箸」はダメか？

日本料理の作法は、お箸の使い方にうるさい。その中で、気をつけなければならないのは、おかずからそのままおかずにお箸をつける「移り箸」だ。「渡り箸」ともいわれる。これはご飯を食べずに、次から次へとおかずばかり食べることだ。ひと口おかずを食べたら、ご飯を食べる。または、いったんお箸を箸置きに戻し、口の中のものを飲み込んでから、別のおかずを食べるのがよい。これは料理をゆっくり味わうという、つくってくれた人への心づかいや、いっしょに食事をする人に不快な気持ちをさせないための作法だ。

なぜ、お茶碗をお箸でたたいてはいけないか？

飲食店でお店の人を呼ぶのに、お茶碗をお箸でたたく無作法な人がときどきいる。酔った人がお箸でお茶碗をたたいて拍子を取ったりするのも、以前はよく見かけたものだ。これは「たたき箸」といって、食事のタブーの一つである。茶碗やどんぶりをたたいたときに出る音が、餓鬼を呼び寄せるとされたからだ。餓鬼に取りつかれるとその家は不幸になる、と大変恐れられた。だから、不幸につながる無作法として強くたしなめられた。

なぜ、お茶碗やお椀を持って食べるか？

ナイフ、フォーク、スプーンを使う西洋料理では、パン皿やスープ皿はテーブルに置いたままだが、日本料理では、お茶碗やお椀を口の近くまで持っていく。これは、大正時代くらいまでの食卓が、「箱膳《はこぜん》」といわれる「一人用の低いお膳」だったからだ。箱膳は食器を入れた一人用の箱だが、食事のとき、箱膳のふたをひっくり返して、食器を並べるお膳として使った。

箱膳の高さは、正座したひざくらいで低く、お膳（箱膳のふた）に置かれた料理を口に持っていくには、器を持たなくては不便だった。箱膳では一人一人の器を使うので、日本料理では一人用の器が発達した。そして手に取る器の装飾や形も楽しむ食文化になった。

「こんぺいとう」のイボの数は決まっていた？

「こんぺいとう」は漢字で金平糖と書くが、もともとはポルトガル語の「コンフェイト」。戦国時代、ポルトガルから日本に伝わったとされる。１５６９年にポルトガル人宣教師ルイス・フロイスが二条城で織田信長に贈った。甘いものがなかった当時、信長はおおいに喜んだそうだ。

江戸時代になると、長崎でつくられるようになり、幕府に献上された。大事な献上物だから、こんぺいとうのイボイボの数は36個と決められた。36は全宇宙（世界）をあらわす大切な数だったからだ。70人もの役人が一つ一つ数えたという。しかし、いまはこんぺいとうのイボの数に決まりはない。

なぜ、赤飯にごまを振って食べるか？

赤飯にはごま（胡麻塩）をかける。それは、神様に「正直に告白している」のである。そもそも、古代日本に伝わった米は赤い色をしていた。「赤米《あかまい》」だ。江戸時代のはじめまではこれを神様にお供えして、そのおさがりを食べていた。やがて、「白米」が主食になり、赤い米を炊かないようになった。そこで、白いご飯に小豆で着色した赤飯をつくるようになり、これを「むかしと同じ赤いご飯ですよ」とお供えをした。ただし、神様にわかるように、「お供えの赤いご飯ですが、じつは白いご飯でゴマかしました」と、正直にごまをかけることにしたのだ。

かまぼこの板は、なぜプラスチックにしないか？

かまぼこを板からはずすと、グニャグニャしている。だから、板を台にして支えているわけだが、台なら、プラスチック板でもいいのではないだろうか？　しかし、かまぼこの板は、昔からもみの木などの木の板でつくられている。

なぜ木の板か、というと、かまぼこの製造過程で「木の板が大事な役目をしている」からだ。かまぼこをつくるときは、板の台の上に盛ったかまぼこの「タネ」を蒸す。このときに「タネ」から水分が出る。それを木の板が吸収する。そして、蒸したあとは、かまぼこを冷やす。今度は逆に、台の板がふくんだ水分を、かまぼこが吸い戻す。かまぼこの木の板は、つくる過程で水分を調整する役割をしているのだ。だから、プラスチックの板ではダメなのだ。

もめん豆腐ときぬごし豆腐は、どこが違う？

もめん豆腐は、豆乳を木綿でこし、きぬごし豆腐は絹でこす、と思っていたら、違う。もめん豆腐もきぬごし豆腐も、つくり方は途中まで同じ。水にひたした大豆を小さく砕き、煮たものをおからと豆乳に分け、豆乳ににがりなどを入れて固める。ここから先が違う。

もめん豆腐は、固まった豆乳をこわして、木綿の布を底に敷いた型箱に入れ、重しをのせ、水分を抜いて形をつくる。このとき、木綿の布目が豆腐につくので、この名がついた。きぬごし豆腐は、布を使わず、豆乳を凝固剤でゆるやかに固める。絹でこしているわけではない。きぬごし豆腐は水分が多いので、口当たりがやわらかい。絹のようになめらかな舌触りだとして、この名がついた。

なぜ、熱い汁を入れたお椀のふたは、開かなくなる？

地上は厚い大気の層の底にある。だから、1㎠当たり約1kgの重さで押しつけられている。気圧だ。ふだんはあまり気づかない。

さて、熱い汁の入ったお椀にふたをすると、お椀の中は水蒸気でいっぱいになる。水蒸気でいっぱいでも、まだこのときは、外と同じ気圧。だから、ふたは開く。しかし、閉じたままにしておくと、水蒸気が冷えて水滴になり、密度が下がる。このとき、中の気圧が下がる。下がると、ふたが開かなくなる。つまり、大気の重さ（気圧）にお椀の中の気圧が負けて、ふたが押

しつけられるのだ。こんなときには、お椀の横を押さえて、すき間をつくってやると、外と同じ気圧になるので、ふたは開く。

そうめんと冷や麦は、太さが違うだけ。ホント？

違う。『広辞苑』によると、小麦粉に少し塩を入れ、水でこねて薄くのばし、細く切ったのがうどん。それをさらに細く切ったのが、冷や麦。だから、冷や麦とうどんは、太さが違うだけ。これに対して、そうめんは？　こねるところまでは冷や麦と同じだが、そうめんは、それから植物油を塗って、よりをかけて細く引きのばし、天日干しにしてつくる。だから違う。ただ、いまは、ほとんど製麺機でつくられるので、JAS（日本農林規格）は、太いのがうどん、中くらいが冷や麦、細いのがそうめん、と麺の太さを基準に決めている。

赤と白のまんじゅうなのに、なぜ紅白まんじゅうか？

本当は、「赤」なのに、「紅」と書くものには、紅白歌合戦、紅白試合、紅白リボンなど、いろいろある。なぜ、赤と書かないで、紅かというと、白を「はく」と読むと、赤は「せき」となる。「赤」には、赤裸々、赤貧などのように、「あからさま」「むきだし」「はだか」という意味があって、おめでたい感じが吹き飛ぶからである。「赤」を「紅」とするのは、もともと中国の漢字の用法だ。たとえば、「赤十字」は、中国では「紅十字」である。

「初物を食べると75日長生きできる」といわれるのは、なぜ？

まず、「75日」とは何かというと、むかし旧暦では、15日を1節季として、1年を二十四節季としていた。二十四節季は、季候《きこう》で分けられた。立春、雨水《うすい》、啓蟄《けいちつ》、夏至、立秋などだ。75日は、15日×5だから、5節季分のことだ。旧暦では、「節季が五つ進むと、次の季節に移る」。春から夏になる、という具合だ。だから、75日は、「一つの季節」を意味している。

さて、「初物」とは、その季節にはじめて取れた野菜や果物、魚介などのことだ。

はじめて取れたものには、生気があふれている。それを食べると、また新たな活力が出て、「季節一つ分も元気で長生きできる」と考えた。だから、人々は初物をよろこんだ。

お祝いの魚は、「鯛《たい》のお頭つき」？

日本人は、お祝いのときは、なにごとであれ、縁起をかつぐ。たとえば、お正月のおせち料理。どのおせちの料理にも「おめでたい」理由がある。誕生日や入学式、卒業式などのお祝いの料理も同じだ。魚でおめでたい料理の代表格は、「鯛の尾頭つき」である。すべて完全にそろい、切ったり、こわれたりしていない、と縁起をかついでいる。「尾頭つき」であって、「頭」に「お」をつけて丁寧にいっているのではない。「お頭つき」で魚の切り身の頭の部分のことだと勘違いしたら、大変だ。お祝いの席で、切り身の頭の部分だけを出すのは、とても縁起が悪いとされるのだ。

『ずいずいずっころばし』の歌詞「とっぴんしゃん」は何？

「ずいずいずっころばし　ごまみそずい　茶壺《ちゃつぼ》に追われて　とっぴんしゃん　抜けたらどんどこしょ……」と続くが、この「とっぴんしゃん」は何だ？　じつは、「戸をピシャリと閉めた」ということ。でも、なぜ茶壺に追われる？　それは、この「茶壺」が、お茶壺行列のことだからだ。毎年、新茶の季節になると、宇治の新茶を江戸の徳川将軍に届けるお茶壺行列が出た。１２０人もの大行列で、将軍用の茶壺を京都から江戸まで運んだ。大行列が通るとき、沿道の子どもたちも大人も、戸をぴしゃりと閉めて、家の中に隠れて、行列をやり過ごしたのだ。

東京ではなぜ、うどん屋よりそば屋が多いのか？

最近は讃岐うどんの人気で、うどんを食べる人が増えたが、東京といえば、もともと「日本そばが主流」である。江戸でそばが人気になったのは、「江戸わずらい」と呼ばれた脚気がはやったからだ。白米を食べていた江戸づとめの武士たちは、当時原因不明の「脚気」になった。しかし、領地に戻ると治ったので、脚気は「江戸わずらい」といわれた。その後、庶民も白米を食べるようになり、庶民も「江戸わずらい」

にかかった。

そばが人気になったのは、「そばをよく食べる人は『江戸わずらい』にかからない」といううわさが立ったからだ。「江戸わずらい」の原因は、ビタミンB1不足だったのだが、当時はわからなかった。そばにはビタミンB1が多くふくまれている。経験的に人々は「そばを食べると『江戸わずらい』は治る」と知ったのだ。漢方の医者もそばをすすめた。このうわさが広まって、江戸時代中期（1750年ころ）から、江戸にはそば屋があちこちにたくさんできた。

漆器はふだんの食器棚に収納するのがいい。なぜ？

お祝いごとで使った重箱やお椀などの漆器、「大切だから」と納戸や押し入れにしまい込むと、乾燥しすぎて、かえって早くいたむ。漆の器は、直射日光には弱いが、手入れも簡単で、日常的に使った方がツヤもでる。納戸にしまい込まず、ふつうに食器棚に入れた方が長持ちする。漆の大敵は、乾燥だ。その点、食器棚は湿気が多いため、湿気が漆器のやわらかい口触りや手触りを保ってくれる。

「3時のおやつ」は、なぜ「おやつ」というか?

「おやつ」というのは、食事と食事の間に取る間食のこと。いまは、午前10時と午後3時ころが多い。この午後の間食が、むかしの時間では、八つ時《どき》(いまの午後2時ころ)だったので、「おやつ(お八つ)」といった。

食事と食事の間は、4~5時間くらいあいているのがよいとされている。昼食を12時ころ、夕食を午後6時ころに取ると、昼食と夕食の間が6時間くらいあいてしまう。むかしの人も、食事の間が6時間もあくと、お腹もすいてエネルギー不足になるので、間食をしていた。これが「おやつ」だ。時間の呼び名は変わっても、「おやつ」という言い方はいまも使われている。

日本茶と紅茶は、もとは同じ。ホント?

ホントだ。抹茶、緑茶、番茶などの日本茶と、紅茶は、味も香りも違う。だから原料も違うだろうと思えるが、どのお茶もモトは同じ、ツバキ科のお茶の木が原料だ。味が違うのは、「つくる過程の発酵の度合いが違う」からだ。

お茶の葉には、酵素があって、摘んだあと発酵（酸化）するが、日本茶は摘んだ葉をすぐに蒸して発酵するのを止め、その後乾燥させる。発酵をしていないので、もとの葉っぱの色が生きて、緑色をしている。紅茶は、原料のお茶の葉を蒸さないで、葉っぱにふくまれるタンニンを最後まで発酵させる。発酵させるから、葉は濃い茶色になる。中国のウーロン茶も発酵茶だが、発酵を途中で止めるなどまた作り方が違う。

なぜ「宵越しのお茶は飲むな」といわれるか？

「宵越しのお茶」とは、前の晩にいれたお茶っ葉を捨てずに、次の朝、そのままお湯を注いで出したお茶のことだ。お茶の葉には、殺菌作用の強い「カテキン」がふくまれているが、このカテキンはお湯を注ぐごとにお茶っ葉から出ていく。殺菌作用がなくなったお茶っ葉には、タンパク質がふくまれていて、一晩も置くと、細菌がふえ、カビも生え出すのだ。翌朝、熱いお湯を注いでも、お湯では殺菌はできない。

一晩置いたお茶は、味もよくないし、体にもよくない。横着して、そんなお茶を朝から飲むものではない、という戒めが「宵越しのお茶は飲むな」だ。

「かつおぶし」は縁起のいい食べもの。なぜ？

「かつおぶしは縁起のいい食べもの」といったのは、戦国時代の武将、北条氏綱《うじつな》だといわれている。そのココロは？「勝男武士《かつおぶし》」だ。ダジャレだが、戦の勝利の験《げん》担ぎで、武士はよろこんで食べたそうだ。また、戦に勝利したときには、お祝いとしてみんなにふるまったという。かつおぶしは保存がきき、煮炊きしないで食べられるので、戦場の武士の貴重な栄養源になった。

なぜ、桜餅はサクラのいい香りがするのか？

桜餅には、塩漬けしたオオシマザクラの葉を使う。オオシマザクラの葉は、他のサクラとくらべて葉の香りが強いのだ。ところで、木についている葉は香らない。他のサクラの葉や、楠《くすのき》、山椒《さんしょう》など、香りの強い葉も同じだ。なぜだろうか？

もともと、葉の匂いは、昆虫などにかじられ傷ついたとき、葉を守るために植物が出すものだからだ。葉が傷つかないと、あのいい香りはしない（人間にはいい香りでも、昆虫にはイヤな匂いということだ）。サクラの葉の香りは、クマリンという香り成分だ。葉を塩漬けにすると、浸透圧で、水と一緒に葉から出た成分が分解されてできる。

駅弁を最初に売った駅は新橋駅である。ホント？

違う。日本で最初の鉄道は、１８７２（明治５）年、新橋駅と横浜駅の間で開業した。だから、駅弁もきっと新橋が最初、と考えたら、まちがい。駅弁の第1号は、宇都宮駅で売り出された。鉄道開業から13年後の１８８５（明治18）年、上野駅と宇都宮駅の間に新線が開通した。そのとき、宇都宮のある旅館が、宇都宮駅で「汽車弁」を売り出した。駅弁はそれが最初とされている。

第1号の駅弁は、竹の皮で包んだおにぎり2個とたくあんだけだった。その後、山陽鉄道が開業し、姫路駅で、もりだくさんのおかずの「幕の内弁当」が登場した。

4章

ツバメが低く飛ぶと、雨が降るのはなぜ？

【日本の生きもの】雑学

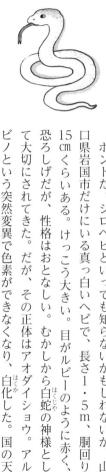

シロヘビはアオダイショウである。ホント？

ホントだ。シロヘビといっても知らないかもしれないが、山口県岩国市だけにいる真っ白いヘビで、長さ1・5m、胴回り15㎝くらいある。けっこう大きい。目がルビーのように赤く、恐ろしげだが、性格はおとなしい。むかしから白蛇《はくじゃ》の神様として大切にされてきた。だが、その正体はアオダイショウ。アルビノという突然変異で色素ができなくなり、白化《はくか》した。国の天然記念物に指定されている。

ツバメが低く飛ぶと、雨が降るのはなぜ？

スイーッとツバメが横切ると初夏だ。ツバメは人の家に巣をつくり、数羽のヒナを育てる。ヒナが成長するのに、たくさんの動物性タンパク質が必要だ。親ツバメは、飛んでいる昆虫をつかまえて、せっせとヒナに運ぶ。

さて、小さい昆虫はどこにいるかというと、天気がいい日は地面が温められて、上昇気流が発生する。上昇気流にあおられて、エサの小昆虫は上空を飛んでいる。だから、ツバメも高く飛ぶ。曇って湿っぽくなると、小昆虫は羽が重くなるので、低く飛ぶ。だから、ツバメも低く飛ぶ。そうやって、空気が湿っぽい中をツバメが低く飛んでいると、じきに雨が降り出す。

ツバメの家族が1日に食べる虫は、500匹。ホント?

違う。家族みんなでもっと食べる。1000匹くらい!? だ。ツバメは5~7月ごろ、5羽くらいのヒナを育てる。口を大きく開けてねだるヒナに、父・母2羽の親鳥はせっせとエサを運ぶ。観察記録によると、その回数は1時間に45回くらいにもなるという。

親鳥はヒナにエサを与えるために、早朝から夕刻まで13時間くらいは働き続ける。ヒナ1羽で、13時間×45回で、1日585匹くらい食べる計算だ。もちろん、親鳥も2羽で1日400匹くらい食べる。合計すると、ツバメ家族は、1日1000匹くらいの虫を食べていることになる。だから、ツバメは、人間にとって害虫を退治する「益鳥」といわれる。

恐ろしいスズメバチ。いるのは日本だけ。ホント？

違う。スズメバチは世界のかなり広い範囲にいる。2億年前の超古代大陸ローラシアで誕生したと考えられていて、ユーラシア大陸、アフリカ大陸、アメリカ大陸と世界中どこにでもいる。67種にもなるらしい。

日本では8月下旬から9月にかけて、巣の中で幼虫が生まれる。大人のスズメバチは警戒して凶暴になり、巣に近づくと襲いかかる。襲われないためには近づかないことだ。習性として、黒っぽいものを「敵」と見て攻撃する。だから、黒系統の帽子より白い帽子、黒系統の服より、白い服の方が安全だ。黒い色を攻撃しやすいのは、黒いクマと戦ってきたからだといわれる。スズメバチという名前は、「雀《すずめ》ほどもある大きなハチ」からだ。昔の人がその大きさに驚いてつけた。

ゲンジボタル、ヘイケボタルは卵も光る。ホント？

ホントだ。ホタルは世界中に２０００種類くらいいるが、日本でよく知られているのは、大きなゲンジボタルと小さなヘイケボタルだ。どちらも卵のときから光る。もちろん、淡水の中にいる幼虫も光る。ホタルの成虫の口は退化して、水をすることくらいしかできない。幼虫のときに食べたエサの栄養で生きている。

では、水の中にいる幼虫は何を食べているか？　カワニナ、モノアラガイ（巻貝）などを食べる肉食系だ。幼虫のときに旺盛に食べて、その栄養で水しか飲めない成虫の時期を生きのびている。

赤トンボを真夏には見かけない。どこにいるか？

赤トンボは、ほとんどがアキアカネという種類だ。夏の間は、気温が高い里を離れて、3000m級の高原に行く。だから、夏の暑いときには里や町では見かけない。

夏になる前の5月から6月に、幼虫からトンボになると、小さい昆虫を食べてエネルギーを貯える。この時期はうす黄色をしている。そうしているうちに体力がつくと、真夏でも気温が20～25度の高原に群れで移動していく。変温動物なので、気温が高くなる夏は苦手なのだ。秋になって涼しくなると、赤く染まって赤トンボになる。すると、群れで里におりて産卵する。都会でも、その群れを見かけることがある。「夕焼け小焼けの赤とんぼ」だ。

トンボの幼虫のエサは、オタマジャクシやメダカ。どうやってつかまえる？

ヤゴはトンボの幼虫である。「ヤンマの子」を略して「ヤゴ」。見た目はトンボと全然違う。いまはあまり見かけないかもしれないが、むかしは田んぼや池、小川にたくさんいた。水生《すいせい》昆虫だ。トンボは、カやハエなどの小昆虫をエサにする肉食だが、水の中にいる幼虫のヤゴも元気な肉食。オタマジャクシ、メダカなどを食べて育つ。ヤゴは、動きの速いこれらの生物をどうやってつかまえるのだろうか？

ヤゴの下唇は、カメレオンの舌のように、ピロロローンと伸びるのだ。伸びた下唇の先についている鋭いカギのような部分で、獲物をガシっとつかまえ、引き寄せて食べる。そのスピードと精度は、水生昆虫の中でも屈指といわれるスゴ技だ。

コオロギは、秋、気温が低くなると鳴く。ホント？

違う。熱帯夜も終わり、涼しくなり始めると聞こえてくるのが、コロコロコロコロというエンマコオロギの鳴き声だ。ほかにも、ミツカドコオロギ、オカメコオロギなどもいる。やはり、コロコロコロコロと鳴く。

コオロギの声を聞くと、秋が来たなと感じる。コオロギは、秋が深まっていき、気温は低い方がよく鳴く、と思われがちだが、実際よく鳴くのは、気温20～30度の残暑の時期だ。コオロギは、左右の羽をすり合わせて鳴くので、気温はやや高い方がいいのである。低い気温は苦手で、気温15度くらいになると鳴かなくなる。

スズムシはどうやって、リーンリーンと鳴いているか？

スズムシのあの涼やかな音は、羽で鳴らしていることはご存じだろう。では、羽をどうやって、リーンリーンという音を出しているのだろうか？

羽の構造に秘密がある。羽を拡大してみると、右の前羽の裏は、洗濯板のようにギザギザになっている。左の前羽には、ギザギザはなく、その表面が少し出っ張っている。これは「まさつ片」とか「バチ」とか呼ばれている。スズムシは、この2枚の前羽を立てて、右の前羽の裏の「ギザギザ面」を、左の前羽の裏の「バチ」に高速でこすりつけて、あのリーンリーンという音を出しているのだ。

食用ガエルは、トノサマガエル、ヒキガエル、ウシガエルのうちどれ？

「食用ガエル」は、食べられるカエルの総称だ。おもにカエルの足の部分が食用になる。

フランスでは、ヨーロッパ産のトノサマガエル（ヨーロッパトノサマガエル）を食べる。日本では、ウシガエルを食べる。約20㎝と大型で、ウシのような低く、太い声で鳴く。1918（大正7）年、東京帝国大学教授の渡瀬庄三郎がアメリカから輸入し、飼育していたところ、逃げ出して、野生化した。大型で食欲旺盛なので、もともと日本に生息しているカエルに悪影響が出ている。アメリカザリガニは、飼育するウシガエルのエサとして、日本に持ち込まれた。こちらも野生化して、いまではどこにでもいる。

アマガエルには毒がある。ホント？

ホントだ。雨が降り始めると、ケロケロケロと鳴くおなじみのカエルだ。手でつかまえたこともあるだろう。つかまえても、おとなしくじっとしている。しかし、アマガエルを逃がしたあと、触った手で目や口や傷口をこすってはいけない。はげしい痛みに襲われる。とくに目は危ない。失明することもある。アマガエルは皮膚をおおっている粘膜から、体をバイ菌から守るための毒が出ているのだ。触っても、すぐに手を洗えば大丈夫だ。

アユは漢字で「年魚」とも書く。なぜか？

秋に下流で卵からかえったアユの稚魚は、海に流され、海のプランクトンを食べて冬を過ごす。春になると、また河口に集まり、群れで川をさかのぼる。成長している間は、トンボ、カゲロウ、ユスリカの水生昆虫（幼虫）を食べるが、成長すると、川の中の石についている水苔しか食べなくなる。水苔は下流には育たない。だから、アユは、夏はどんどん上流へ、上流へと上っていく。秋になると、また川を下り、河口に産卵して、一生を終える。1年の命だから、「年魚」と書き、「あゆ」と読む。

ホトトギスは、5月中旬に日本に渡ってくる。なぜ？

トッキョキョカキョク（「特許許可局」と聞こえる）の鳴き声で知られるホトトギスは、5月中旬に、インドや中国南部から渡ってくる。なぜ、この時期に？　それは、ウグイスやホオジロの巣ができ上がるころだからである。ウグイスやホオジロに「託卵」してもらうのだ。託卵とは、ほかの鳥の巣に勝手に卵を産んで、ちゃっかり育ててもらうことである。さらに、ホトトギスは、毛虫などの昆虫を大量に食べる大食漢なので、これらの昆虫がたくさんいる5月中旬でないといけないのだ。

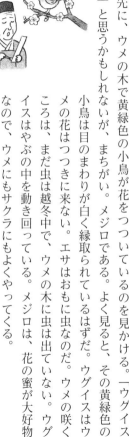

庭のウメにやって来るのは、ウグイス？　メジロ？

春先に、ウメの木で黄緑色の小鳥が花をつついているのを見かける。「ウグイスだ！」と思うかもしれないが、まちがい。メジロである。よく見ると、その黄緑色の小鳥は目のまわりが白く縁取られているはずだ。ウグイスはウメの花はつつきに来ない。エサはおもに虫なのだ。ウメの咲くころは、まだ虫は越冬中で、ウメの木に虫は出ていない。ウグイスはやぶの中を動き回っている。メジロは、花の蜜が大好物なので、ウメにもサクラにもよくやってくる。

また、ウグイスの体の色は、黄緑色でなく、オリーブグリーンの暗い黄緑色だ。「ウグイス色」とはこの暗い黄緑色をいう。ウメの木にいるメジロをウグイスとまちがっていると、「ウグイス色」も、メジロの体の色の「明るい黄緑色」と勘違いしてしまう。

なぜ、カタツムリのことを「でんでん虫」という?

「でんでん虫」は、漢字で「出出虫」。「でんでん」とは、「(早く)カラから出よ出よ」と、子どもたちがはやしたことからきているという説が有力だ。

カタツムリをつかまえると、カラにこもってなかなか出てこない。そこで子どもは、「出てこい出てこい」「出よ出よ」といっていたが、それが「出ん出ん」となり、「でんでん虫」となった。「でんでんむしむし　かたつむり」の歌の「つの出せ」の角は触角で、大きい角が2つと、小さい角が2つある。大きい角の先には目があるが、像は結ばないので、触られてはじめて引っ込める。小さい方の角は味や匂いを識別するためにある。

ミノムシは鳴くか？　鳴かないか？

「蓑虫《みのむし》の音を聞きに来よ草の庵《いお》」（松尾芭蕉）、「蓑虫の父よと鳴きて母もなし」（高浜虚子）と俳句の秋の季語となっているミノムシは、チチヨ　チチヨ（父よ父よ）と鳴くとされる。しかし、それは、俳句の世界だけの話。ミノムシは鳴かない。

ミノムシは別名を「鬼の子」といい、清少納言の『枕草子』に、こういう悲しい話がある。「蓑虫はあわれ。鬼が生んだ子だから、恐ろしい心を持っているだろう。そう親は思い、子にみすぼらしい衣を着せて、秋には迎えに来るからと言い残して、逃げていった。子はそうとも知らず、秋になると、『父よ父よ』と心ぼそげに鳴く」。

ここからミノムシは、はかなげに鳴く虫とされ、俳句にもなっている。

ミノムシのふわふわ衣から、防弾チョッキができる？

できるかも！　だ。子どものころ、ミノムシの袋の中はどうなっているんだろうと、ハサミで開いて、見たことはないだろうか。ふわふわである。このふわふわが強い糸になることがわかった。どのくらい強いかというと、自然界では最強とされてきたクモの糸の1・8倍である。しかも、真っすぐで長い糸になる。

2019年、日本のある企業と農業・食品産業技術総合研究機構（茨城県つくば市）は、ミノムシの糸を採糸することに成功した。この糸から強くてしなやかな布をつくり、防弾チョッキの素材などに応用できるかもしれないという。このミノムシ糸の強くてしなやかな性質を生かして、自動車や航空機の部品などにも使えるのでは、と期待がふくらんでいる。ミノムシはクモと違って共食いをしない。だから、たくさん飼育することができ、糸も大量につくれるわけだ。

5章

マイクテストはなぜ、「本日は晴天なり」というか？

【実は知らない、意外な】雑学

日本人はなぜ、ハチマキをするか？

やってみるとわかるが、ハチマキをキリリとしめると、気持ちが引きしまる。頭蓋骨にある割れ目が開くと、頭がぼんやりするとされる。だから、ハチマキで頭をぎゅっとしめる。すると、集中力も高まり、やる気も出る、というわけだ。

神話の中で、神様がひたいにツタを巻いたのが始まりといわれる。だから、大昔からやっていた。ハチマキは、もともと、戦や神事、冠婚葬祭や病気など、日常ではないときにするものだった。おみこしのかつぎ手がハチマキをするが、これもお祭りという神事だからだ。また、ひたいにまいたハチマキには、ひたいの汗が流れて目に入らないように食い止める、という実用的な役割もある。

両手を上げた招き猫は、いない？

招き猫は、「右手を上げた猫」と、「左手を上げた猫」がいて、商店やお料理屋さんでよく見かけるのは、「左手を上げた猫」である。左手は「人を招く」「商売繁盛」にご利益があるからだ。お客さんにたくさん来てもらいたいお店の願いにぴったりだ。

これに対して、右手は「金運を招く」に効き目がある。右手と左手、それぞれの手にこんなご利益があるなら、両手を上げた猫さんは、一度にご利益倍増では？　それはダメ。欲ばってはいけない。両手を上げると「お手上げ」のポーズになって、縁起が悪いのだ。

なぜ、ウソつきのことを「ホラ吹き」というか？

テレビの歴史ドラマで、戦闘が始まる合図に、プオーと鳴らすホラ貝を見たことがあるだろう。戦場の武士だけではなく、山で修行をする山伏もホラ貝を吹いていた。
ホラ貝は、大きな巻貝の先に穴をあけ、そこに歌口《うたぐち》（吹き口）をはめたラッパだ。息をためて、小さな口からひと吹きすると、とてつもない大きな音が出る。そこから、小さなことを

大げさにいったり、ウソをまじえながらいったりする人を、ホラ吹きといった。いまは、ウソつきのことをホラ吹きという。

なぜ、正座をしたとき、左手を上に重ねるか？

正座をしたとき、右手を下に、左手を上に重ねる。もともと武家の礼法の小笠原流でおこなわれてきたものだ。この作法は、「あなたを攻撃するつもりはありません」という気持ちを示すところからきている。刀をつかむ方の右手に、左手を重ねておい隠すのである。同じように、あいさつのおじぎも、相手に頭をさし出す姿勢を取ることで、「攻撃の気持ちは持っていません」と伝えるのが、そもそもの始まりだった。飛鳥時代の大化の改新（６４５年）ころからそうしているらしい。

なぜ、頭を北向きにして寝ると、縁起が悪いか？

頭を北向きにして寝ることを「北枕」というが、日本では縁起が悪いとされている。

これは亡くなった人を北枕にする習慣があるからだ。だが、なぜ北枕にするのか？お釈迦様が亡くなったとき、北枕だったからである。それにあやかって、亡くなった人のご遺体も「頭を北方に枕し、脚は南方を指す」ように安置《あんち》する。

このことから、北枕は、人が亡くなったことを連想させるので、生きている人が北枕で寝るのは、縁起が悪いとされているのだ。

なぜ、「鈴木さん」はたくさんいる？

ある調査によると、いちばん多い苗字は佐藤、次いで、鈴木、高橋、田中、伊藤、渡辺の順となっている。佐藤は平安時代の藤原に由来するが、では、2位の鈴木は？

むかし、熊野地方では、稲を刈った後、田んぼに高々と稲を積み上げ、その上に棒を刺して、神様が降りてくる目じるしとした。その棒を「聖木」といい、「ススキ」と読んだ。それが「鈴木」になった。そして、熊野神社の神官が「鈴木」を名乗った。鈴木姓を名乗る神官たちは、やがて全国に渡り、信者も鈴木姓を名乗るようになった。こうして全国に「鈴木さん」が広がった。

氷川丸、日本丸など船名はなぜ「丸」がつくのが多い?

柿本人麻呂《かきのもとのひとまろ》、和気清麻呂《わけのきよまろ》のように、むかしは人名に「麻呂」が多かった。また、貴族は自分のことを「まろ」といった。こうしたことから、自分が大切にしているもの、たとえば、刀、楽器、船などに、「麻呂＝丸」とつけるようになった。

１９００（明治33）年、「船舶取扱手続」という規則ができ、船の名にはなるべく最後に「丸」とするのがいいとされた。それから、船の名前には、がぜん、何何丸が増えた。しかし、２００１年にこの規則は廃止された。

お寺の鐘は時刻を知らせるために鳴らしている。ホント?

違う。「夕焼け小焼けで日が暮れて　山のお寺の鐘が鳴る　お手々つないでみな帰ろ　カラスといっしょに帰りましょ」のお寺の鐘は、帰る時間のしるしだ。お寺は、暁鐘《ぎょうしょう》、昏鐘《こんしょう》といって、朝と晩、いつも同じ時刻につくので、時報になる。だからといって、あたりに時刻を知らせるために鐘をついているのではない。じつは、ゴーンというあの音にじっと耳を傾けると、この世の苦しみから救われ、悟りにいたることができる、とされている。そのために鐘を鳴らしているのだ。

マイクテストはなぜ、「本日は晴天なり」というか？

運動会の日、開会式の前の「本日は晴天なり」というマイクテストを聞いたことがあるだろう。ほかの場面でも、マイクテストは、なぜか「本日は晴天なり」だった。なぜ、天気の話なのか？

それは、1925（大正4）年、中央気象台《ちゅうおうきしょうだい》（いまの気象庁）が、無線でその日の天気の情報を流し始めたときの試験放送が、「本日は晴天なり」だったからだ。これは、アメリカで試験放送のときにいう「It's fine today.」を直訳したものだった。ＮＨＫも、ラジオの放送が始まる前の試験放送で、この「本日は晴天なり」というようになった。それで全国に広

まった。現在、「本日は晴天なり」は総務省令の「無線局運用規則」で決まっている。試験電波を出すときは、天気が雨でも曇りでも、いつでも「本日は晴天なり」だ。

なぜ、夜に口笛を吹くとヘビが出るといわれる?

昔の夜は、明かりもなく、真っ暗闇になる。平安時代の陰陽道では、夜の真っ暗闇の外には悪霊がうろうろしていると考えた。そして、口笛には、精霊も、悪いものも招き寄せる力があるとされた。ヘビは、縁起のよい白蛇もいるが、毒ヘビもいて、かまれて実際に亡くなる人もいたので、人々から恐れられた。ヘビのにょろにょろした形も嫌がられた。ヘビは、日常感覚では、不吉なものを呼び寄せる存在だったのだ。また、ヘビは音に敏感だとされていて、夜に口笛を吹くと、ヘビはその音を聞きつけて近寄ってくる。

だから、夜の口笛はヘビのような邪悪なものを呼び寄せ、不吉なことが起こると考えられた。そこから、夜に口笛を吹くとヘビが出るといって、口笛を吹くのを戒めた。

代議士とは「国会議員」のこと。ホント？

そうではない。国会議員には、衆議院議員と参議院議員がいる。しかし、「代議士は、衆議院議員だけ」をいう。代議士とは、辞書によると、「国民に選ばれ、国民の意見を代表して、国政を議する人」である。「国会で、国民の代わりに、国のことを合議する人」なら、参議院議員もふくまれるはずだ。だが、参議院議員は代議士とは呼ばない。理由は、戦前の議会制度が関係している。戦前は、「衆議院」と「貴族院」があった。選挙で「国民から、衆議院の議員に選ばれた人」を「代議士」といった。貴族院議員は、選挙で国民から選ばれた人ではなかった。戦後、貴族院は廃止されて、参議院ができたが、呼び方の慣習はそのまま残った。

国会議事堂4階にトイレがない。なぜ？

国会議事堂は9階建てだ。正面には3つの玄関がある。向かって左が衆議院玄関、右が参議院玄関。中央にある中央玄関は、国会の開会式に天皇陛下をお迎えするときと、選挙後の議員初登院のときだけ開かれる。9階建ての中央の塔には、いちばん上に「展望台」があるが、見学はできない。4階には「国立国会図書館国会分館」がある。国会関係者は自由に利用できるが、4階にはトイレがない。なぜなら、天皇陛下が休まれる「御休所《ごきゅうしょ》」が3階にあり、その上にはトイレをつくれないからだ。

大相撲の土俵になぜ、こんぶやスルメを埋めるか?

土俵の神様へのお供えである。大相撲の土俵は、場所ごとに、呼び出しみんなで、3日かけてつくっている。そして、初日の前の日に、「土俵祭り」という儀式をおこなう。祝詞を上げて、神様を呼び、15日間無事に場所がおこなわれるように祈るのだ。

儀式の中に、「縁起物鎮め」という行事がある。土俵の中央に四角い穴を開け、その中に、勝栗、こんぶ、スルメ、カヤの実、洗い米、塩を沈めて、お神酒《みき》をかけて、土俵の神様へお供えをする。この縁起のいい品々は、場所中ずっと埋められたままである。

なぜ、力士はふんどし姿で相撲を取るか？

日本の古代史を記した『日本書紀』に、「682年、天武天皇の前で相撲が取られた」（天覧相撲）という記事がある。天皇の前で相撲を取ったのは、朝廷に対抗する勢力だった南九州の隼人《はやと》と呼ばれていた人たちだ。天武天皇に貢ぎ物を献上して、その前で相撲を取った。隼人は、はじめ天皇の前に出るときは、衣服を着けて剣を持っていた。しかし、衣服を脱ぎ、剣を置いて、相撲のときは、下帯《したおび》（ふんどし姿）だけになった。武器を持っていないことを見せるためである。天覧相撲では、この伝統が守られた。これが江戸時代に始まった「大相撲」にも引き継がれ、現在にいたっている。

土俵で力士がまく塩はふつうの塩ではない。ホント？

違う。力士が土俵に塩をまくのは「清め」のためだ。もちろん、特別の塩というわけではなく、市販のものと同じだ。特注ではない。ただ、力士がギュッとたくさんにぎりしめた塩がバラけないためには、ミネラルがたくさんふくまれ、湿り気が必要なので、1988年、当時の相撲協会の理事長が、瀬戸内海のある島で製造されている塩に決めた。1日に使われるのは40kgくらいだから、1場所では600kgをまいていることになる。

土俵入りにつけるまわしを、なぜ「化粧まわし」という?

幕内力士が土俵入りのときにつける、華やかなデザインの長いまわしが「化粧まわし」だ。見た目が派手だから、「化粧まわし」だと思われているようだが、もともとは違う。「紀州まわし」がその由来だ。江戸時代の力士は、大名のおかかえだった。大名同士が張り合って、上等なまわしを力士につけさせた。中でも、紀州藩の殿様が力士につけさせていたまわしが、派手で、評判になり、「紀州まわし」といわれていた。この「紀州まわし」がだんだ

んなまって、「化粧まわし」になったといわれている。

幕内の土俵入りで、力士全員が化粧まわしを持ち上げる。なぜ？

力士たちが並んで土俵に上がるところから見ていると、まず柏手を打ち、右手を上げ、化粧まわしをちょっとだけ持ち上げたあと、両手を上げるという動作をしている。

化粧まわしをちょっと上げるのは、なぜ？　じつは、江戸時代の土俵入りは、7～8人の幕内力士が交代で土俵に上がり、四股《しこ》を踏んでいた。その後、土俵に上がる人数が増えて、みんなで四股を踏むスペースがなくなった。そこで動作を簡単にしたわけだ。化粧まわしをちょっと持ち上げるのは、四股をふむ代わりである。

大相撲の力士は、なぜ「さがり」をつけるか？

昔は、相撲は天皇や殿様といったえらい人の前でおこなわれていたので、裸でも失礼のないように、前垂れのついた「化粧まわし」をつけていた。その様子は江戸時代の浮世絵にも描かれている。しかし、相撲を取るときに化粧まわしは邪魔だから、やがて廃止され、その名残として「さがり」をつけた。初期の「さがり」は、「まわし」と一体だったが、これも取り組み中には邪魔になるので、いまのように引っぱると取れるようになった。

弓取式《ゆみとり》で力士が弓を土俵に落としたら、どうする?

①手で拾う　②行司が拾う　③足で拾う　④外に蹴り出す　⑤そのまま続ける

弓取式は、一日を締めくくる大切な儀式なので、落としたときの拾い方が決められている。③の「足で拾う」が正解。足の甲にのせ、はね上げたところを手でつかむ。経験した力士によると、なかなかむずかしいらしい。

足で拾うのは、「土俵上で手をつくと負け」になるので、「手で拾うのは縁起が悪い」からだ。弓を足で拾うのに失敗して、弓を蹴飛ばしてしまい、土俵の外に出たら、呼び出しが拾って、手で渡す。

なぜ、打ち水をすると涼しくなる？

温暖化で夏の気温はだんだん高くなってきている。夏のひどい暑さは困ったことだ。それでも、打ち水をすると、少し涼しくなる。まいた水が水蒸気に変わるとき、周囲の大気から熱をうばうからだ。気化熱という。打ち水は、江戸時代から庶民にも広がった。江戸時代は、うちわはあったものの、扇風機もクーラーもないから、夏はひと工夫しないと、がまんできない暑さだっただろう。人々は、道や庭に打ち水をして、涼を求めた。涼しくなることを、経験で知っていたのだ。いま、暑さ対策で、道路や屋外にミスト装置を置いているところがある。これも打ち水と同じ効果で涼しくなる。

日本にハワイのホノルルより南にある島がある。ホント？

ホントだ。沖ノ鳥島である。ピンとこないかもしれないが、東京都小笠原村に属している日本最南端の島だ。ハワイのホノルルより南にあり、太陽がほぼ真上に見える。

１９９９年から、現・国土交通省の直轄管理となっている。島といっても、干潮のときにだけあらわれるサンゴ礁でできた島である。満潮のときには、「北小島」「小島」と呼ばれる二つの高まりを除いて、海面に沈んでしまう。これからも温暖化によって、海面が上がってくることが予想されている。日本の国益上、大変重要な島なので、最新の技術で自然を守りながら、水没の危険から守ろうとしている。

赤ちゃんのへその緒を、なぜ取っておくか？

赤ちゃんが生まれると、へその緒を桐《きり》の箱などの容器に入れて、取っておく。

赤ちゃんのへその緒を取っておく風習は、江戸時代からあった。いまは「親子のきずな」としてや、赤ちゃんの出産の記念として取っておくことが多いが、当時は違った。むかしは、医療が進んでいなかったので、赤ちゃんが病気にかかると、亡くなってしまうことが多かった。赤ちゃんが大病をしたとき、取っておいたへその緒を煎じて飲ませると、病気も治ると考えられた。母親と赤ちゃんをつないでいたへその緒には、パワーがあると信じられたのだ。

お宮参りでなぜ、赤ん坊をわざと泣かせる?

お宮参りは、住んでいる土地の氏神様にお参りをして、子どもが無事に生まれたことを報告し、健康に育つように祈る。女の子は33日目、男の子は32日目とされているが、1カ月を目安にしたらいい。

お参りするとき、赤ちゃんを泣かせるという儀式もある。なぜだろう? 赤ちゃんが泣くと、氏神様はその泣き声をしっかり覚え、赤ちゃんは氏神様から守ってもらえるからだ。大声で泣くほど縁起がいいから、赤ちゃんのほっぺたやお尻をつねったり、鼻をつまんだりする。大声で泣くと縁起がいいとわかっていても、いろいろやらなくてはならないので、やっている大人の方が泣いてしまうこともある。

「お食い初め」の祝いの献立になぜ、小石があるか？

赤ん坊が生まれて100日目くらいに歯が生え始めるのを祝って、「お食い初め」をする。一生食べるのに困らないように、という願いが込められる。「箸揃え」「箸初め」「100日祝い」と呼ばれることもある。平安時代からおこなわれてきた。「お食い初め」の献立は、尾頭つきの魚、赤飯、煮物、香の物のほか、乳を吸う力が強くなるようにとお吸い物。それに小石もつける。

「歯固めの石」という。これは、100目くらいから乳歯が生え始めるので、丈夫な歯が生えるように、という願いを込めている。小石は氏神様の神社境内から拾ってきて、お祝いが終わったら、返す。

初誕生日になぜ、餅を背負わせて歩かせるか？

生まれて1年目の赤ちゃんの初誕生日に、一升（約1・8kg）のお米でつくった丸餅を、ふろしきに包んで、赤ちゃんに背負わせるという伝統行事がある。「一升餅」といったり、「立ったら餅」「転ばせ餅」といったりもする。「一升」と「一生」をかけて、「一生食べるものに困らないように」「一生、丸く、長く生きられるように」という願いが込められている。赤ちゃんをわざと転ばせることもある。もっとしっかり歩けるように、と祈るのだ。

抜けた乳歯をなぜ、家の屋根に放り上げるか？

いまはマンション住まいも多いので、赤ちゃんの歯を屋根に投げ上げるのは、やらないかもしれない。ひと昔前は、一戸建てか長屋住まいだったので、赤ちゃんの抜けた乳歯を屋根に放り上げる風習があった。放り上げるとき、「ねずみの歯とかえてくれ」といいながら投げた。「ネズミのようながんじょうな歯が生えてくるように」というおまじないだ。

上の歯は縁の下に、下の歯は屋根に、という地方もある。ヨーロッパやアメリカでは、乳歯は大事に取っておくという。

なぜ、贈り物に「のし」をかけるか？

「のし」は、おめでたいときや感謝の気持ちを、贈り物にそえるときにつける紙の飾りだ。なぜ、「のし」という？「のし」は、アワビをうすく切って乾燥させた「のし鮑《あわび》を包んだもの」だ。アワビは長寿をもたらす縁起のいい食べ物とされ、神様へのお供えに使われた。伊勢神宮では、いまでも、むかしからの伝統的な製法でつくった「のし鮑」を10月の神嘗祭《かんなめさい》などで奉納している。「のし鮑」を包んだ「のし」は、神様に対してだけでなく、ふつうの人々の間でもお祝いの贈り物などにつけられた。

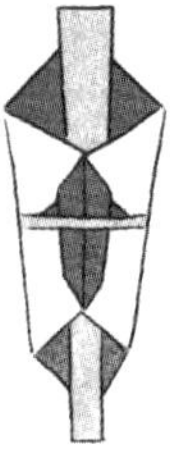

しかし、食べものなので、その後簡略化して、のし紙に「のし」の絵の飾りをつけて、代用するようになった。

なぜ、贈り物に「水引《みずひき》」をかけるか？

室町時代、日本は中国の明と貿易をしていたが、明からもたらされた箱は「紅白の縄」でしばってあった。明側としては、これは単に「輸出品」のしるしだったが、日本側は、勝手に「おめでたいしるし」と解釈した。それで、日本では、贈り物には赤と白の麻のひもをかけるようになった。その後、贈り物にかけるひもには、麻ではなく、「よった紅白の紙のひも」を使うようになった。紙のひもは、よった紙がもとに戻らないように、のりを引いて固め、それを赤や白に色づけた水にひたし、引きながら染めてつくった。そこから「水引」という。

「年寄りの冷や水」は氷水のことってホント?

「年寄りの冷や水」とは、お年寄りが、若い者には負けられない、と無理をすることだが、この「冷や水」とは、じつは隅田川の水だ。

江戸時代、江戸の町ではよく水不足となり、水を売る商売があった。隅田川の水も「ひやみずや~」といいながら売っていた。岸の近くは汚れているが、川の真ん中はきれいだといって売っていたのだ。若者はその水を飲んでも平気だったが、お年寄りが飲むと、お腹をこわした。きれいに見えても、生活排水も混じって、ばい菌だらけだ。そこから、お年寄りが無理に若者のまねをして、体を痛めることを「年寄りの冷や水」というようになった。

2月29日生まれの誕生日は、どうなる？

うるう年の2月29日は4月に1回だ。1902（明治35）年に定められた「年齢計算ニ関スル法律」によると、2月29日生まれの人も、2月28日がきたら「1歳加える」と決められている。明治生まれの法律だが、いまも生きている。資格などで誕生日が必要なときは、2月28日を「みなし誕生日」とするのがふつうだ。しかし、これは強制ではないので、3月1日にする人もいる。

なぜ、還暦のお祝いに赤いちゃんちゃんこを着るか？

還暦は60歳（数え年で61歳）のこと。還暦の誕生日には、赤いちゃんちゃんこや赤いずきんなど赤いものを着て、お祝いする。なぜ、還暦がめでたいのか？　赤いものを着るのか？　還暦の字を見ると、暦が還ると書く。むかしの暦では、干支《えと》（十干《じっかん》十二支《じゅうにし》）の数え方で、60年に1回、生まれた年と同じ干支になる。つまり、60歳で、誕生したときと同じ干支になるのだ。だから、60歳を生命力のある赤ん坊に還ったものと考え、赤いちゃんちゃんこを着せたり、赤い頭巾をかぶらせたりして、お祝いしたのである。

6章

なぜ、城には松がたくさん植えてあるのか？

【日本の植物・自然】雑学

なぜ、タケノコはぐんぐん伸びるか？

土の中から頭を出したタケノコは、10日もすると1mくらいになる。なぜ、こんなに伸びるのか？　ふつう植物は、てっぺんにある成長点が細胞分裂して、大きくなる。竹は、その成長点が節ごとにある。てっぺんだけではない。節ごとにある成長点が、細胞分裂して、成長するから、伸びるのが早いのだ。孟《もう》宗竹《そうちく》には、土の中のタケノコに、60くらいの節がある。頭を出すと、根に近いところから順に細胞分裂して、まさしく昼も夜もぐんぐん大きくなる。2〜3カ月伸び続けて、大人の竹の大きさになると、皮が落ちて、固くなる。

ぺんぺん草は食べられる。ホント？

ホント。ぺんぺん草はナズナ（学名）のこと。春の七草の一つだから、もちろん食べられる。むかしは春になると食べる大切な野菜の一つだった。実が三味線のバチのような形をしたひょろ長い草だ。三味線のペンペンという音が、「ぺんぺん草」の名前の由来。早春の若い葉を摘み取って、おひたし、ごまあえ、油いためなどにして食べる。混ぜご飯にしても、みずみずしい香りがある。

「なずな売り　この上値切るところなし」という川柳もある。そのあたりにいくらでも生えているので、売値も安かった。

なぜ、「タンポポが閉じたら雨が降る」か？

タンポポは、雲が厚く広がり、太陽の光が少なくなると、花を閉じる性質がある。だから、雨が降る前にあたりが暗くなると、花が閉じるので、こういう。

いまよく見かけるタンポポは、外来種のセイヨウタンポポがほとんどだ。明治のはじめ、「少年よ大志を抱け」で有名なクラーク博士の札幌農学校にやってきたアメリカ人が伝えた。セイヨウタンポポは繁殖力が強いので、もともと日本に自生していた日本タンポポは追いやられた。西洋では、タンポポの葉をサラダにして食べるので、アメリカ人が食用に持ってきたと思われるが、その綿毛がふわふわ広がって、いまでは全国で咲いている。

つくしはスギナの子。ホント?

ホントだ。スギナの名は、育った上の部分が杉に似ていて、春には「つくし」が食べられるので、「スギの菜」の意味からつけられた。スギナは、ワラビやゼンマイと同じシダ植物の仲間だ。種ではなく、胞子でふえる。

春になると、胞子をつくる特別な芽を土から出す。それがつくしだ。伸びた芽の頭が筆のような形だから「土筆」と漢字を当てられた。つくしの頭には、緑色の粉のような胞子があり、風が吹くと、遠くへ飛んでいく。胞子を飛ばしたあとは、つくしは枯れてしまって、同じ場所からスギナが生えてくる。スギナは30㎝くらいになる。

生のワラビを食べると、食中毒を起こす。ホント?

ホントだ。牛や馬、ヒツジ、ヤギなど、ワラビを食べると食中毒を起こし、仔《こ》牛や仔《こ》馬が死ぬこともめずらしくない。急性ワラビ中毒という。牧場では食べないように目を光らせている。人間もアク抜きしないで食べると中毒を起こす。

アク抜きには、重曹や木灰を振りかけ、沸騰したお湯をかけて、そのまま一昼夜置いておく。塩もみ程度では、アクは抜けない。アク抜き後は、味噌汁に入れたり、煮物などにして食べる。

四つ葉より多いクローバーがある。18葉だ。ホント?

これまで見つかったいちばん葉が多いクローバーは、56葉だ。2010年にギネスブックに認定された。発見者は、岩手県花巻市の植物学者で農業を営んでいた小原繁男さん。2009年5月に自宅の畑で見つけた。それまでの記録の18葉も小原さんが持っていた。56葉のクローバーは、0・5㎝から1㎝の葉が重なって、全体が4㎝くらい。小原さんは、独学で四つ葉のクローバーの研究を始め、60年以上続けていた。

なぜ、暖冬の年はサクラの開花が遅くなる?

春が近づいてくると、テレビでは、「サクラの開花はまだ?」というニュースがさかんに出る。冬が暖かいと、サクラのつぼみも早くふくらみ、開花も早まるのでは、と思っていたら、まちがい。暖冬では、寝ぼけた状態になって、開花が遅くなる。サクラは、冬のきびしい寒さのあとに、暖かさがきてこそ、きれいに咲く。サクラの花芽は、花が散った枝にもう準備されている。春にできた花芽は、夏の強い太陽に当たり、秋に気温が下がり、冬のきびしい寒さにさらされたあと、春、暖かくなると開く。冬が寒いと、しっかり休眠できて、暖かくなったときに、パッと開くのだ。

なぜ、サクラの枝を切ってはいけないか?

「桜切る馬鹿、梅切らぬ馬鹿」という言い回しがある。「サクラは、枝を切ると、木が弱ってしまう。ウメの枝葉は、きれいな花やしっかりした実をつけさせるためには、切ることが必要だ」という戒めの言葉だ。サクラはやたらに切ると弱ってしまう、デリケートな木なのだ。ウメは成長力が強く、実を取るためには、何度か剪定をする必要がある。「サクラの枝を切ると、そこからばい菌が入って、枯れてしまう」といわれるが、切ったところから病原菌が入ることはウメも同じなので、これには根拠はないようだ。自然な状態のサクラは、枝を切らないでおくと、きれいな半球形になって、たくさん花を咲かせる。

スイセンには毒がある。ホント？

ホント。葉っぱを、野生のニラやノビルとまちがえて食べて、亡くなった人もいる。強い毒を持っている。葉っぱがニラに似ていて、球根はタマネギに似ている。毒は葉っぱにも球根にもある。とくに球根の毒性は強い。スイセンの花のない4月から12月に、山菜とまちがえて食べる事故が起きているようだ。食べてから30分以内で、吐《は》き気や下痢《げり》などを起こす。スイセンは、

スペインの地中海沿岸が原産地。ニホンズイセンと呼ばれる種類も、中国を通って日本にやってきた。冬のはじめから、雪の中で白や黄色の花をつけるので、「雪中花《せっちゅうか》」ともいう。

なぜ、コンクリートのひび割れに、スミレが咲いているか？

建物や石垣のかなり高いところのコンクリートのひび割れに、スミレが咲いているのを見たことがあるだろう。スミレは自分では移動できない。種は、カタバミのようにはじけて飛ばせない。小さくて、鳥のエサにもならないから、種がフンにまじって移動することもできない。ならば、なぜ、あんな高いところにスミレは生えているのだろうか？　答えは、アリだ。スミレの種の先には、アリが大好きな成分がついている。アリがスミレの種を運ぶ。だからだ。

ハナミズキはフランスからやってきた。ホント？

違う。アメリカからやってきた。サクラが終わって、緑の葉が濃くなる季節に、公園や道ばたで白やあわいピンクの「花」をつけているのが、ハナミズキである。

ハナミズキは1915（大正4）年、アメリカから日本に贈られてきた。その3年前の1912（明治45）年、日本がアメリカのワシントンDCにサクラ（ソメイヨシノ）を贈った返礼として来たのだ。先ほど、ハナミズキの「花」と書いたが、じつは「総苞《そうほう》」で、本当の花はその中心部分だけだ。アメリカでは、ポトマック河畔のサクラ、そして日本ではハナミズキ、ともに日米友好のシンボルとなっている。

月見草、待宵《まつよい》草、宵待草はみんな同じってホント？

ホントだ。どれも夜に関連した名前だが、同じだ。学名はマツヨイグサ。夕方に咲いて、夜じゅう開いて、朝しぼむ。花は黄色、赤っぽい黄、白、ピンク、赤、紫などがある。中でも、黄色い花のものが多く、黄色い月の連想から「ツキミソウ」と覚えている人も多いだろう。

『宵待草』は、画家で詩人だった竹久夢二《たけひさゆめじ》がつくった詩のタイトルだ。曲がつけられ、大ヒットした。「宵待草」は、夢二が「待宵草」とまちがったという。曲がヒットしたので、夢二は「いまさらなおせない」といったらしい。

ゴボウを食べるのは、日本人だけ。ホント?

ホントだ。きんぴらゴボウ、たたきゴボウ、筑前煮、ゴボウサラダ。日本人はゴボウ料理が好きで、ゴボウは身近な野菜だ。また初夏の新ゴボウは、やわらかくておいしい。しかし、世界中で、根菜のゴボウを食べる国は、日本のほかにはない。繊維が豊富で体にいいのに、もったいない話だ。ヨーロッパには、ゴボウの地上に出た若い芽を、サラダにしたり、根をお茶にしたりする国は、わずかだがある。ゴボウはもともと地中海から西アジアが原産。日本には、平安時代に中国から薬草として伝わったとされる。

ドクダミの天ぷらはおいしい。ホント?

ホントだ。ドクダミは天ぷらにするとおいしい。ドクダミの葉には強い独特の匂いがあるので、嫌いな人もいる。しかし、あのきつい匂いは、揚げると抜ける。だから、山菜として天ぷらにするとよい。葉の両面にうすめの衣をつけて揚げると、あのエグい匂いのドクダミとは思えないほどおいしい。ドクダミは、むかしから、薬草として効用があることが知られている。日本薬局方（厚生労働大臣が定めた医薬品の基準）にものっている。ドクダミという名も、毒を抑える意味で、「毒を矯《た》める」から転じたといわれている。葉を煎じて飲んだり、あぶった葉をおできに貼りつけたりと、ドクダミは活躍してきた。

カイワレダイコンを育てると、大根になる。ホント？

ホント。カイワレダイコンは、大根の種が発芽した直後のものだから、土に植えて育てると、れっきとした大根になる。カイワレは、発芽した芽と茎を食べるもやしと同じで、スプラウト食材である。カイワレダイコンは、大阪四十日《しじゅうにち》大根が主に使われていて、40日くらいで20㎝くらいの大根になる。品種改良され、専用の種で水耕栽培されたカイワレダイコンは、あまり大きな大根にはならない。

サツマイモはアサガオやヒルガオの仲間。ホント？

ホントだ。サツマイモは、ヒルガオ科サツマイモ属の植物だ。では、アサガオのような花が咲くのだろうか？　咲く。花びらの奥が濃い紅色の、アサガオのような花だ。とはいっても、温帯の日本では、あまり花がつかない。原産地は南アメリカの熱帯地方である。サツマイモは、スペイン人やポルトガル人が世界に広めた。日本には、江戸時代に、フィリピンから琉球（沖縄）に伝わり、その後、薩摩藩に伝わった。はじめは、「唐芋《からいも》」や「甘藷《かんしょ》」と呼んでいた。江戸時代、8代将軍・徳川吉宗のとき、飢饉にそなえ、蘭学者の青木昆陽《あおきこんよう》にこのイモを改良させ、全国に広めた。薩摩藩から取り寄せて、改良したイモだから、「サツマイモ」となった。

なぜ稲妻《いなずま》、稲光は、「稲」の字？

むかしから「カミナリの多い年は、稲が豊作になる」といわれてきた。そのしくみは、こうだ。カミナリが放電すると、大気からチッソが分離する。雨といっしょに、チッソが田んぼに降り注ぐ。チッソは、田を肥やし、稲の生長を助けるので、豊作が期待できる。だから、むかしの人は、カミナリを稲の妻（配偶者）と考え、「稲妻」とか「稲光」といって、稲と結びつけた。田植えが終わり、夏、夕立と一緒にカミナリがとどろくと、むかしの人は豊作を願ったことだろう。

1粒の米は、秋に収穫するとき何粒にふえるか？

1粒の米は、秋に収穫するときは、1600粒くらいになる。100円だとしたら、16万円になるのと同じことだと、植物学者の田中修氏（農学博士）の『クイズ植物入門』にある。茶碗1杯のご飯粒の数を3200粒とすると、たった2粒の米粒が、半年後には茶碗いっぱいになるわけだ。こんなにふえるのは、緑の葉っぱが、空気中の二酸化炭素と水と太陽の光を使って、

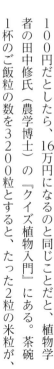

光合成し、デンプンをつくり出すからである。

なぜ、イチョウは「生きた化石」といわれるか？

イチョウは、もっとも古くから生きている植物で、1億6000年前の恐竜が生きていた時代にも広く生《は》えていた。イチョウの化石は、北極、南極、中国、日本で発見されている。氷河期に、多くのイチョウは絶滅したが、中国の温暖だった場所では、生き残った。死に絶えず、いまも変わらず生きているから、ソテツなどとともに「化石植物」といわれている。日本には14世紀半ばに中国から伝わったという説が有力だ。国土交通省の調査（2019年）では、イチョウは、街路樹として全国に55万本くらいあり、1位だ。

サザンカとツバキ、見分け方は？

夏は、葉陰に隠れていたサザンカのつぼみが、秋、次々に咲き始める。サザンカと思うが、ツバキにも似ているからツバキかも？　どっち？　サザンカとツバキの違いは、見分けるポイントがわかればすぐにわかる。まず、サザンカは秋から冬に咲く。ツバキは、冬から春に咲く。サザンカは花びらが一枚一枚落ちる。ツバキは、まとまったままポトリと落ちる。サザンカの葉には、ギザギザがある。ツバキの葉には、ない。これだけ知っていればすぐ見分けられる。秋に咲き出したのなら、サザンカだ。

秋になるとなぜ、松などの幹にわらを巻きつけるか？

冬の前に、皇居前広場のクロマツの幹に、わらを巻きつけているのを見たことがないだろうか。公園やお城の松やヒマラヤスギにも、わらが巻きつけられている。何のため？　寒さ対策？　それもあるが、むしろ第一の目的は、害虫退治だ。茂った葉の中にいるマツケムシ（マツカレハの幼虫）は、冬になると、地上に降りて、枯れ葉にもぐり込んで、冬を越す。地上に降りる途中に、わらがあれば、その中にもぐり込んで、冬を越す。だから、春先、わらの中からマツケムシが出てくる前に、わらを燃やせば、害虫は一網打尽なのだ。

なぜ、城には松がたくさん植えてあるのか？

城には松のイメージがある。松がたくさん植えてあるのは、目的があった。敵に攻められて、籠城するときの食糧にするのだ。松を食べるの？　と思うかもしれないが、もちろん、最悪のときの非常食として、だ。食べられるのは、皮の内側の白い部分。３日間煮込んで、アク抜きをした後、繊維をほぐすように叩いてのばす。それを臼《うす》で粉にして、麦粉や米粉に混ぜて、餅にして食べる。むかしは飢饉のとき、街道筋の松の皮も食べたという。今でも、秋田には、松皮餅という伝統のお菓子がある。

7章

「夏も近づく八十八夜」の八十八夜とは？

【日本のしきたり】雑学①春夏

なぜ、鬼はトラ柄のパンツをはいているか？

鬼は、「邪悪なものすべて」のことだ。昔は、病気や災害、食糧がなくなる飢饉など、人々の手に負えない、いろいろな災いをもたらすものを鬼といった。そんな災いの鬼は家の中にいてほしくないから、「鬼は外」だ。鬼がいるのは、鬼門の方角とされた。北東に当たる。そして、北東のことをむかしは「丑寅《うしとら》」といっていた。牛とトラだ。だから、そこにいる鬼は、牛のような角があり、トラ柄のパンツをはいている。

恵方巻はなぜ、無病息災の祈願となるか？

恵方巻とは、大阪発祥の風習で、節分に恵方を向いて、黙って丸かじりする1本の太巻き（のり巻き）のことだ。恵方は、その年の幸運と幸福をつかさどる歳徳神《としとくじん》（歳《とし》神様《がみさま》の別称）のいる方角で、毎年変わる。恵方巻きの具材は七福神にあやかり7種類。恵方巻は、鬼の金棒《かなぼう》をあらわし、無言でワシワシ食べて、鬼を退治するのだ。だから無病息災祈願になる。食べているときにしゃべると、運が逃げる。

ひな人形は2月19日ごろに飾るのがいい。なぜか？

2月19日ごろが、二十四節季の「雨水」だからだ。といっても、ピンとこないかもしれない。二十四節季は、春・夏・秋・冬の四季を、さらにこまかく24に区切って、立春・大暑・大寒などと名づけたものだ。「雨水」は、二十四節気の、1年の初めの立春に続く2番目の節季になる。降る雪が雨に変わり、氷も溶け出すころだ。

ひな人形は、人形に厄を移して、水に流し清める「流し雛《びな》」が始まり。また、水の神様は子宝の神様でもある。こういうことから、雨水にひな人形を飾ると、良縁に恵まれるといわれた。地方によっては節分に飾るというところもある。

ひな祭りのひし餅、なぜ3色が重なっているか？

ひし餅の3色は、桃色（赤）、白、緑だ。それぞれ色に意味がある。赤（桃）は、魔力に対抗する色で、神社の建物や巫女さんのはかまが赤いのと同じだ。解毒作用のあるクチナシの実で色をつけ、健康を願う。また、桃色は桃の花もあらわしている。白は、ヒシの実で色をつけ、清らかさと、残雪。緑は、厄除けの力があるヨモギで色をつけ、新緑だ。

ひし餅は上から、桃色の桃の花、白い雪、新緑の芽生え、と3色で春の情景になる。子どもが健やかに育つように、ひし餅を食べ、祝う。

ひな祭りになぜ、ハマグリを食べるか?

ハマグリの2枚の貝がらはピタッと合うが、ほかの貝がらとは、絶対に合わない。つまり、ひな祭りでは、ハマグリを食べ、その貝がらのように、ピタッと合う相手に恵まれること、そして、末永く幸せであることを願うのだ。

お吸い物にしても食べるが、開いた貝がらの両方に、それぞれ身を入れて出す。同じ理由から、結婚式でもよくハマグリのお吸い物が出される。

ハマグリという名は、浜にころがっているクリのように見えるから、である。

ひな人形はなぜ、終わったらすぐ片づけなくてはならないか？

おひな様は、せっかく出して飾っているのだから、できるだけ長く飾っておきたいが、そうはいかない。いつまでも出しておくと、お嫁に行き遅れるといわれ、ひな祭りの翌日には片づけなくてはならない。どうしてかというと、ひな祭りは、もとは、平安時代の、「流し雛《びな》」。これは、紙の人形に、病気や災難を引き受けてもらい、川に流した儀式だ。それが、ひな壇に人形を飾る「雛飾り」となって、江戸時代に全国に広がった。それからは、人形を川に流す代わりに、ひな壇に飾った人形は、3月3日の翌日には片づけることで置きかえた。

春一番があるなら、春二番もある。ホント？

ホントだ。春二番もある。春の嵐ともいう。春一番は、春先に、北風が南風に変わって吹き荒れることだ。もともとは、江戸時代、長崎県の壱岐《いき》の漁師の教訓からきている。このあたりの海では、春のはじめに強い風が吹き、船が遭難するという事故があった。だから、春の一番に吹く風には気をつけろ、といっていたのだ。それが、ほかの地方でも吹き荒れるので、全国に知れ渡るようになった。春二番は、春一番が吹いたあと、サクラが咲くころに吹く強風のことだ。4月4日ごろである。

夏の「夜船」、冬の「北窓」は同じ食べもののこと。何だ?

この食べ物には、他にも名前がある。春は「ぼたもち」、秋は「おはぎ」だ。では、この和菓子の夏の名が、なぜ「夜船」か。この和菓子はお餅と違って、蒸したもち米をつかない。だから「つき知らず」。これを漢字に当てて「着き知らず」。夜、着く船は、あたりが真っ暗で、いつ岸に着いたかもわからない。だから「夜船」となった。冬の名の「北窓」は、「つき知らず」を「月知らず」と読む。北側の窓から月は見えにくい。それで「北窓」だ。この和菓子が、春・夏・秋・冬の別の名前を持っているのは、1年中、好まれているからだろう。

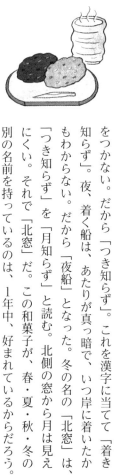

ウグイスのオスは、1日に1000回くらい鳴く。ホント？

違う。じつは、1000回も鳴いている。ウグイスは、初夏にやぶの中で、ホーホケキョ、ケキョ、ケキョ、ケキョ、ケキョ、ケキョと鳴く。これで5回カウントだが、この声で、オスが縄張りを宣言している。ほかのオスが入ってくると、エサが足りなくなるからだ。メスといっしょにヒナを育てる季節は、たくさんのエサの昆虫を巣に運ばなくてはならない。だから、1日に1000回以上も、ケキョ、ケキョ、ケキョと鳴いて、警告を発しているのである。

こいのぼりに、なぜ「吹き流し」がついている？

こいのぼりは、中国の『後漢書《ごかんじょ》』という古い本の中の、「たくさんの魚の中で、コイだけが黄河上流の滝をのぼり、竜になった」という故事をヒントにできた。このたくましいコイの姿に、男の子が困難に打ち勝って、立身出世をするという願いを重ねて「こいのぼり」は立てられた。

5色の「吹き流し」は、子どもを邪気から守るためにあげる。また、さおのてっぺんに取りつけてある丸い玉は、国旗のさおの金の玉と同じで、神様が降りてくる目じるしである。江戸時代には、そこにスギの葉をくりつけていたという。

「夏も近づく八十八夜」の八十八夜とは？

文部省唱歌の『茶摘み』は、「夏も近づく八十八夜　野にも山にも若葉が茂る……」と歌う。八十八夜とは、何だろう？

八十八夜は、立春（2月4日ころ）から数えて、88日目ということだ。5月2日ころになる。立春から八十八夜ころになると、若葉がどんどん伸びて、茶摘みにちょうどよい。むかし、八十八夜に摘んだお茶は最上とされ、神様にお供えしたり、大名や将軍に献上されたりした。むかしの暦では立春は元日になる。当時は、茶摘みのいい時期は、2月4日ころから数えて88日目ころ、ではなく、立春（すなわち、元日）から数えて88日目ころ、という感覚だ。

しょうぶ湯は、ハナショウブでもいい。ホント？

違う。ハナショウブで「しょうぶ湯」にしてみると、わかる。ハナショウブでは香らない。ショウブの葉を使って、端午の節句でしょうぶ湯にしたり、しょうぶ枕、しょうぶたたきにしたりするのは、ショウブに強烈な香気があり、それが悪霊をはらい、魔除けになると信じられたからだ。

ショウブは、サトイモ科で、ガマの穂のような花が咲く。これに対して、ハナショウブは、アヤメ科で、大きな花を咲かせる。ショウブは、5月5日近くになると、花屋さんや八百屋さんで売るので、すぐ手に入る。肝心なのは、強い香りだ。

「時の記念日」は、なぜ6月10日か？

時の記念日は、1920（大正9）年に東京天文台によって制定された。なぜ6月10日かというと、『日本書紀』に由来がある。これに「天智天皇が水時計を置いて、はじめて時を打った」という内容が書かれている。この日が、現在の暦（グレゴリオ暦）になおすと、671年6月10日だ。ここから、この日を記念日にした。

6月は梅雨の季節なのに、なぜ「水無月」か？

1月を別名で睦月《むつき》といい、2月は如月《きさらぎ》、3月は弥生、4月は卯月《うづき》、5月は皐月《さつき》、そして6月は水無月。だが、6月は梅雨で雨がたくさん降るころだ。なぜ6月が「水が無い月」だろうか？　奇妙である。じつは、この月の別名は、明治時代以前に使われていた旧暦の月名だ。それをそのまま、新暦の月名に当てはめたのだ。だから、1カ月ずれている。旧暦の6月は、いまの新暦の7月ころになる。梅雨も開けて、カンカン照りの日々が続く夏の時期だ。水も枯れる。まさに水無月だ。

ウメの花が咲くわけでもないのに、なぜ「梅雨」か？

このウメは、花ではなく実である。「梅雨」は中国からきた言葉で、「メイユー」といって、ウメが熟するころに降る雨のことだ。日本でも、この時期にウメの実が収穫され、梅干しを漬ける準備が始まる。梅雨の晴れ間をぬって、塩漬けにしたウメを土用干しする。そのあと、シソと一緒に本漬けにすると、赤い梅干しになる。梅干しはご飯に欠かせない伝統食だ。体にもいい。殺菌作用もある。梅干しの酸っぱさが食欲を増したり、血糖値を抑制したり、便秘を解消したり、といいことずくめだ。

子どもが青ウメの実をかじると、死ぬこともある。ホント？

ホントだ。生の青ウメには、猛毒の青酸が含まれている。だから、食べると、体の小さい子どもは死ぬこともあるといわれる。ウメの実に青酸があるのは、害虫に実を食べられるのを防ぐためだ。毒を持つのは、ウメにとっては無事に生長する手段だ。生の青ウメが危険だといっても、大人ならば、ガシガシ食べなければ大丈夫である。だが、木になっているやわらかい青ウメの種には、果肉の10倍から20倍の青酸があるので、食べてはいけない。成長した

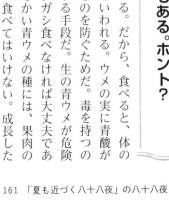

青ウメの実は、漬けたり干したりすれば、大丈夫だ。

夏至は日照時間がいちばん長いのに、なぜ、真夏ではないか?

「なぜ、真夏ではないか?」とは、「なぜ、気温が高くならないか」ということだが、「日照時間が長ければ気温が上がる、というものではない」からだ。まず、夏至のころは、まだ梅雨だから、雨が降る。地面も冷たい。8月上旬が「真夏」という「暑さ」になるのは、夏至の前後から地面がゆっくり温められて、梅雨も明け、そこに強い夏の太陽が長時間照りつけるからだ。温まっている地面に、強い太陽が差し続け、さらに気温が上がる。夏至のころは、まだ地面からの熱は上がってこないので、暑くはならない。

なぜ、登山シーズンの前に「山開き」をするか?

「山開き(祭)」とは、その年、はじめて登山者に山を開放することだ。とはいえ、冬山でも春山でも、いつでも登山者がいるのに、なぜ「山開き」があるかというと、むかしは山は神聖な場所で、山伏や修験者《しゅげんしゃ》など、限られた人しか入れなかったからだ。山は、畏敬の念を抱き、信仰の対象だった。しかし、江戸時代になると、一般の人にも、山に入って、神様を拝みたいという考えが広まった。それで、「山開き」の儀式をして、神様にお伺いを立て、安全をお祈りし、期間を決めて山に入れるようにした。だから、山開きをした後、山ははじめて開放される、ということになっている。

大祓《おおはらえ》の茅輪《ちのわ》のカヤは「お守り」になる。ホント？

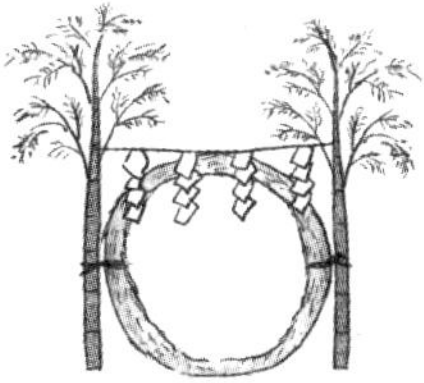

まちがい。大祓は、1年の半分が終わる6月30日に、全国の神社でおこなわれる行事だ。1年の前半にたまったけがれを祓い、後半の無病息災と幸運を願う。まず、神社につくられた茅輪を左から右、また左、という順にくぐり、最後に神殿に進んで参拝し、けがれを祓う。近頃、この茅輪のカヤを引き抜いて、お守りに持ち帰る人が多いらしいが、くぐった人のけがれが移

されているので、持ち帰るものではない。神社では焼いてしまう。

なぜ、7月の半夏生《はんげしょう》にタコを食べる?

むかしタコを食べるのはおもに関西だったが、いまでは全国に広がった。関西に「夏の半夏生にタコを食べる」という風習がある。なぜ、半夏生にタコ? 秋のお米の大豊作を祈ってのことだ。お米と海のタコは関係ないようだが、こういうことだ。田植えから草刈りまでの農作業の重労働も、7月はじめの半夏生までには一段落する。そこで、お米の秋の大豊作を願って、稲がタコの8本足のようにしっかり土に根を張り、猛暑を乗り越えて育つように、タコを食べたのだ。タコには、タウリンがたくさんふくまれていて、夏の疲れをいやす効果がある。

なぜ、七夕と書いて「たなばた」か?

1年に一度、織姫《おりひめ》と牽牛《けんぎゅう》が7月7日に会うという伝説は、奈良時代に中国から伝わった。それが、宮中では、「七夕《ひちせき》」という手習いごとの上達を願う行事になった。それとは別に、日本の農村には、古くから「棚機《たなばた》」という行事があった。お盆の前に、村で選ばれた乙女が、小屋にこもって、棚機で神様の着物を織り、翌朝、村の災厄といっしょに神様に持ち去ってもらうというものだ。この行事が「たなばた（棚機）」だった。室町時代に、宮中の七夕と、織姫と牽牛の話が庶民にも伝わり、古くからおこなわれていた「棚機」といっしょになって、いまの「七夕＝たなばた」となった。

なぜ七夕に、ササに願いごとを書いて下げるか？

七夕のササに願いごとの短冊を下げるのは、七夕が宮中行事だったころのササに5色の糸を下げたことと、カジの葉に和歌を書いたことが合わさった。宮中行事だった七夕は、祭壇の両脇に、ササを立てた。ササには、生命力があり、魔除けの力があると考えられ、五色の糸がかけられた。カジの葉には、サトイモの葉に夜の間たまったつゆで墨をすり、書いて、願いごと

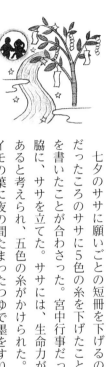

をした。七夕の行事は、江戸時代に庶民に広がった。江戸時代は寺子屋で習字がさかんにおこなわれていた。ササにつるした5色の糸は5色の短冊に変わり、短冊に願いごとを書いてササに下げるようになった。

なぜ、夏の暑いときに、お中元を贈るか？

むかし中国では、1月15日を「上元」、7月15日を「中元」、10月15日を「下元」といって、お祝いをしていた。そのうち、なぜか「中元」だけが日本に伝わった。中元の日は、ちょうどお盆の季節。江戸時代になると、中元の日に、仏様へのお供えものを、親類や仕事の相手に贈るようになった。それが、いまでは、今年も上半期を無事に過ごせました、という感謝の気持ちを伝える贈りものになった。

なぜ、土用の丑《うし》の日に、ウナギを食べる？

土用の丑の日は、奈良時代から悪霊がしのび込んでくる「よくない日」とされていた。そこで、この日には、魔除けの神様の「玄武《げんぶ》」をあらわす黒い色に守ってもらうおまじないがあった。玄武の「玄」の字は黒色のことである。

この日には、食べものも、黒い色のナマズ、コイ、ウナギ、ナスなどを食べていた。

江戸時代に、あるうなぎ屋が、発明の神様でアイディアマンの平賀源内《ひらがげんない》に「土用の丑の日」にウナギがもっと売れるように相談したところ、源内にいいアイディアがひらめいた。店に「本日 土用丑の日」という紙を貼らせたのだ。これが大ヒット。その店は大繁盛した。それから、ほかのうなぎ屋もこれをまねた。こうして「土用の丑の日」にはウナギを食べる習わしになった。

むかしの人も夏には氷を食べていた。ホント?

ホントだ。1000年以上むかしから、夏には、貴族は氷をけずってかき氷にし、甘い汁をかけて食べていた。正倉院の古文書に、「氷を売り買いしていた」と書かれたものがある。また、平安時代の清少納言の『枕草子』や紫式部の『源氏物語』にも、「削氷《けずりひ》(かき氷)」について書かれている。

当時、どうやって夏に氷が手に入ったかというと。冬にできた氷を、洞窟や地面につくった「氷室《ひむろ》」と呼ばれる貯蔵所に保冷しておいたのだ。明治になるまで、氷室を管理する役人がいたという。

8月10日に出すとしたら、暑中見舞い？　残暑見舞い？

残暑見舞いだ。暑中見舞いは、8月7日ころの立秋の前まで。8月10日ころは、夏の太平洋高気圧の勢力がおとろえず、昼も夜もきびしい暑さが続く時期だが、暦の上では、もう秋だ。こんなに暑いのに、もう秋？　と不思議に思うかもしれない。「立秋」は、秋の気配を感じ始めるころ、ということ。コオロギも鳴き出したりする。

梅雨明けから、夏の太陽にジリジリ焼かれた地面の熱も、台風が通過して、雨で冷やされると、だんだん気温も下がっていく。秋の気配がしのび込んでくる。

なぜ、夏になると、軒先に風鈴をつるすか？

軒先で、チリーンチリーンと涼しげな音を奏でる風鈴は、夏の風物詩だ。金魚やアサガオの絵が描かれたりしていて、楽しそうだ。しかし、もとは涼を楽しむものではなく、ちょっと違って「魔除けの道具」だった。お寺の本堂の四隅にいまでも青銅製の風鐸《ふうたく》がつり下げられている。見たことがあるだろう。風鐸は、衛生状態がよくなかったむかし、風が運んでくる「悪霊（病気）除け」のために考えられた。音のする範囲には悪霊が寄りつかない。家の軒先につるされた風鈴も、はじめは魔除けの道具だったと考えられている。

夏の風物詩スイカは、なぜ漢字で「西瓜」か？

カボチャが漢字で、「南瓜」なのは、南のカンボジアから来たからだ。では、西瓜《スイカ》は？　もちろん、西からやってきた。それでは、西とはどこだ？　それは中央アジアである。西は、日本の西ではなく、中国にとっての西だ。中国語（漢字）で、スイカを西瓜と書く。室町時代にスイカが日本にやってきたとき、そのまま日本でも「西瓜」という字になった。また、「西瓜」が「シイグァ」といわれるところから、日本では「スイカ」となった。スイカの原産地はアフリカだ。スイカにたくさんふくまれるカリウムには、夏バテを防ぐ効果もあり、夏のスイカは大人気である。

「甲子園の土」は春と夏では違う。ホント？

ホントだ。甲子園球場の土は、近くの須磨の浦の海岸の砂と、鹿児島県大隅半島の鹿屋の黒土を混ぜたものだ。雨の多い春は、水はけをよくするために、砂と黒土の割合は、砂6対黒土4。日差しの強い夏は、白い球がよく見えるように、春より黒土の割合をふやし、砂4・5対黒土5・5にしてある。砂と黒土はふるいにかけて、バラつきがないようにつくる。最初に甲子園の土を持ち帰ったのは、熊本県立熊本工業高校の川上哲治《かわかみてつはる》だといわれる。1937（昭和12）年のことだ。

なぜ、ホオズキをお盆のお供えにするか？

ホオズキは漢字では「鬼灯」と書く。なぜ、鬼の灯？　この鬼は、こわい悪霊の鬼ではなく、死者の霊魂のことである。中国の話に由来している。ホオズキの実は、ちょうちんの形をしている。ちょうちんは、お盆に先祖の霊がみんなのところに戻ってくるときに、道を照らす灯。そこから、ホオズキを「鬼灯」と書く。だから、お盆のときは、先祖が戻ってこられるように、ちょうちんのように見える枝についたままの鬼灯を、仏壇や精霊棚（盆棚）にお供えする。

なぜ、お盆にキュウリとナスをお供えするか？

お盆は、先祖の霊をあの世からお迎えし、いっしょに過ごす期間である。ご先祖を迎える精霊棚（盆棚）をつくって飾る。まこものござの上に位牌を安置し、お線香立て、みそはぎと浄水などを置き、スイカ、ブドウなど、季節の果物を供える。そして、キュウリで馬をつくり、ナスで牛をつくる。これは「ご先祖様が乗る馬と牛」だ。

ご先祖様は、あの世から帰ってくるときは、足の速い馬に乗り、戻るときは、ゆっくり歩く牛に乗る。少しでも長くいっしょにいられるようにという願いを込めている。

なぜ、お盆に「盆踊り」をするか?

「盆踊り」は、もともとお盆に帰ってきたご先祖様の霊をなぐさめるため、人々が口々に念仏をとなえながら、鉦《かね》や太鼓をたたいて、踊っていた。これは平安時代に、空也上人《くうやしょうにん》が始めた「念仏踊り」と、お盆が結びついたものだ。江戸時代になると、みんなが集まって、ただ歌い、踊る、といった娯楽となった。明治時代になると、盆踊りは騒ぎすぎだといってお上のひんしゅくを買い、下火になったが、いまはまた人気が盛り返して、夏の楽しい行事の一つになっている。

お盆過ぎの海水浴場には、なぜクラゲがたくさんいるか?

お盆を過ぎると、クラゲがたくさん出てくる。理由はお盆のころの海水温度。20〜

30度で、クラゲに最適な温度なのだ。子どものクラゲもどんどん大きくなって、活動が活発になる。クラゲの中でも、カツオノエボシは、電気クラゲともいわれ、刺されるとものすごく痛い。刺されてしまったら、すぐに岸に上がり、海水でよく洗う。水道水はダメ。そのあと、ピンセットか、手袋をした指で針を抜く。素手はダメだ。そして、病院に直行だ！

なぜ、ツクツクボウシは夏の終わりに鳴く？

お盆が終わって、少し涼しさを感じるようになると、ツクツクボウシの鳴き声がよく聞こえてくる。セミが鳴くのは、子孫を残すためで、オスがメスにアピールしているのだ。オスの鳴き声がちゃんとメスに届かないと、子孫を残せない。アブラゼミなどがけたたましく鳴いている間は、ツクツクボウシの鳴き声はかき消されてしまって、メスに届かない。では、ツクツクボウシはどうするか。ほかのセミが少なくなった夏の終わりに地中から出てきて、鳴くのである。その証拠に、ツクツクボウシしかいない八丈島では、夏のはじめから鳴いている。

8章

元旦に掃除をしてはいけないのは、なぜ？

【日本のしきたり】雑学②秋冬

月見団子は、なぜ縁側にお供えするか？

家の中で、神様にお供えを置くのは、ふつう床の間や神棚。ところが、お月見のときは、月見団子とススキは、わざわざ「縁側」に置く。これは、お月様がよく見えるからだろうか。それもある。だが、もう一つ理由がある。「縁側にお供えの月見団子を、近所の子どもがこっそり盗みに来られるように」、だ。「お月見泥棒」といって、この日、子どもは月からの使者だから、月見団子を盗んでいいことになっている。団子をたくさん盗まれれば、それだけ縁起がいい。だから、盗みやすい縁側に戸を開けたままにして、お供えする。ただし、盗まれなくても、縁起が悪いということではない。

なぜ、秋の空は高いか？

日本では、夏も秋も、晴れた日が多い。とはいえ、秋の空は、夏の空より高く、青く見える。それは、大気中の水蒸気やほこりが少ないからだ。日本の夏は、「太平洋高気圧」におおわれて晴れるが、秋は、大陸から張り出す「大陸性高気圧」におおわれて、晴れる。陸育ちの高気圧の方は、海（太平洋）育ちの高気圧より、水蒸気が少ない。だから、秋の空は、夏よりも青く、濃く、澄んで見える。

また、大陸では、夏の間に草が茂り、砂ぼこりが舞い上がらなくなっている。さらに、気温が下がると、熱による空気の流れの勢いが落ちる。そのため、大陸の地表近くの水蒸気や汚れは、上空に上がらず、低いところにとどまって、日本の上空まで運ばれてこない。これも青い空が濁らない要因だ。

虫の声に耳を傾けるのは日本人だけ。ホント？

ホントだ。リーンリーンリーンのスズムシ、チンチロチンチロチンチロリンのマツムシ。日本では、古代から歌によまれるほど、愛されている虫の音だが、虫の音に耳を傾け、情緒を感じるのは、日本人だけだ。とくに西洋人は、虫の音を「うるさい」

と感じるのだと、脳科学者の角田《つのだ》忠信《ただのぶ》氏はいう。なぜかというと、日本人は、虫の音を「言葉の脳」の左脳で聞き、物思いにふけったりするが、西洋人は、「音楽の脳」の右脳で聞くからだ、という。「音楽の脳」で聞くと虫の音は音楽にもなっていなくて、インスピレーションもわかず雑音に聞こえるだけ、ということのようである。

春と秋のお彼岸、気温はほぼ同じ。ホント？

違う。「暑さ寒さも彼岸まで」と、よくいう。春のお彼岸からは、昼が長くなるので、暖かくなる。秋のお彼岸からは、夜が長くなるので涼しくなる、ということだが、実際の気温は、平均すると、秋のお彼岸の方が、春のお彼岸より10度も高い。春はポカポカ暖かく、秋は秋風でひんやりするように思えるが、事実は、逆だ。

なぜ、お墓に彼岸花（曼珠沙華《まんじゅしゃげ》）が植えてあるか？

モグラ退治である。お墓は、ご先祖様の霊（祖霊）が眠っている神聖な場所だ。ところが、地中を動き回るモグラは、そこがお墓だろうが、お墓でなかろうが、エサのミミズを求めて、トンネルをほる。われわれとしては、ご先祖様の霊が眠っているお墓をモグラに荒らされたくない。どうするか。モグラのエサのミミズがいなければ、モグラも来ないだろう。それで、毒のある彼岸花（曼珠沙華）を植えるようになった。彼岸花を嫌って、ミミズがいないので、モグラも来ないのだ。

10月は神無月なのに、なぜ島根県では「神在月《かみあり》」？

10月は、出雲国（島根県）に全国の神様が集まるからだ。神様が集まる島根県では、神在月といい、その他では、出雲国に行ってしまって神様がいなくなるので、神無月という。神話によると、出雲大社に祭られている大国主命《おおくにぬしのみこと》は、自分の子ども（神様）を全国に使わした。

そして、子どもたちは、毎年10月に、その年のでき事を報告し、来年どうするか、相談するために、出雲国に戻ってくるのである。このとき、出雲大社では、神在祭《かみありさい》がおこなわれる。

ドングリは、ふつうに食べられる。ホント？

ホントだ。ドングリとは、「ドングリ」という木の実ではなく、シイ、カシ、クヌギ、ナラなど、いろんな木の実の総称だ。約20種類ほどある。「クリの実」もドングリに入る。どの実も食べられるが、おいしい実と、渋い実がある。おいしいのは、クリの実はもちろんだが、その他に、スダジイ、ツブラジイなど、シイ類だ。渋みがなく、生でも甘みがある。フライパンなどで煎ると、よりおいしくなる。その他の木の実は、お湯で煮ると渋みが抜ける。縄文時代の人はドングリを食糧にしていたことも、遺跡の調査でわかっている。

なぜ、秋になると、いわし雲やひつじ雲になるか？

先ほども書いたが、秋の空には、水蒸気が少ない。だから、夏の入道雲（積乱雲）のような、濃厚な雲はできない。青空がすけて見えるうっすらとした雲になる。たとえば、鳥の羽根のような、モヤモヤクルッとした白っぽいのは「すじ雲」（巻雲）といい、上空10～15㎞あたりにできる。いちばん高い雲だから、見た目の天井あたりといっていい。その下の7～10㎞あたりが「うろこ雲」、その下の5～8㎞の少し大きな雲片が、「ひつじ雲」だ。

七五三のお参りは、なぜ11月15日か？

旧暦の15日は、鬼宿日《きしゅくにち》といって、鬼が出歩かない日とされ、何をするにつけ吉日だった。また、11月は、稲刈りが終わるので、神様に収穫を祈るために、11月の満月になる15日に氏神様にお参りをし、実りと子どもの成長の加護を祈っていた。この風習が、明治の改暦で新暦になっても続けられ、11月15日の七五三のお参りとなった。

ただ、最近は15日にこだわらず、11月中の土日祝日という家族も多い。それはそれでよい。七五三のお祝いの起源は、江戸時代には、男の子は5歳のときの「袴着《はかまぎ》」、女の子は7歳のときの「帯《おび》とき」で、「七五三」という言葉は明治時代になってから生まれたという。

ハッサクは冬に食べるのに、なぜ八朔《はっさく》(旧暦8月1日)というか？

ハッサクは、漢字で「八朔」と書く。「八朔」は旧暦8月1日という意味だ。冬に収穫するミカンなのに、なぜハッサクというのだろうか？　それは、1860(万延元)年に、広島県因島《いんのしま》のお寺の近くでこのミカンがなったとき、お寺の住職が、「八朔(旧暦8月1日)には食べられるだろう」といったからだ。だが、実際には、旧暦8月1日ころにはまだ実が小さくて、食べられない。

村上水軍は、天正年間(安土桃山時代)まで因島を拠点に活動していたが、東南アジアへも遠征していた。水軍は、遠征先から果実や苗木を持ち帰った。因島では、それから育ったミカンが交配を繰り返し、いろんな種類のミカンが生えていた。その中に、少し苦みがあるものの、酸っぱくて水分の多いハッサクが発見されたのだ。ハッサクの食べごろは毎年2～3月ごろである。

なぜ、冬至に「ん」のつくものを食べるか？

冬至は、1年でいちばん日中が短く、この日から太陽の出ている時間がだんだん長くなる。昔の人は、冬至をさかいに太陽が生まれ変わり、陽気が増え始めると考えた。「一陽来復《いちようらいふく》」という呼び方もある。運もこの日をさかいに上向くとされた。だから、「ん（運）」のつくものをたくさん食べて、幸運を呼び込みましょう、という縁起かつぎで、なんきん（カボチャ）、ニンジン、レンコン、ぎんなん、キンカン、かんてん、うどん（うんどん）など、「ん」の字があるものを食べるといいとされたのだ。とくに、名前に「ん」が2つあるこの7つの食べ物は、縁起がいい。「運盛り」だ。

冬至になぜ、ゆず湯に入るか？

冬至が「湯治」に通じるからだ、といわれる。湯治は、湯につかって病気を治すことだが、ゆず湯には、新陳代謝を活発にする成分が含まれている。だから、病気を治し、予防するという効果がある。ゆず湯は新湯《さらゆ》より体が温まるので、風邪も予防できる。また、ユズにはビタミンCもたくさんふくまれているので、ゆず湯は肌がしっとりし、あかぎれやしもやけにもいい。ユズを丸のまま湯に放り込むのではなく、輪切りにして浮かべる方が、効果がある。ユズの実がほぐれるのが嫌だったり、肌が弱かったりする人は、布の袋に入れるとよい。

冬至カボチャになぜ、小豆を入れるか？

冬至からは日がだんだん長くなり、それに合わせて、生命力もだんだんみなぎってくる。ということは、冬至は生命力がどん底である。冬至の日から運も上向きで、「ん」のつく食べ物を食べて、運気を上げる。カボチャ（なんきん）は、実際にカロチンやビタミンなどの栄養も豊富である。昔の人も経験上、カボチャは体にいいことがわかっていた。

そして、冬至カボチャは、小豆をいっしょに煮た。小豆の赤い色が厄除けのおまじないになるからだ。神社の巫女さんのはかまの赤、鳥居の赤に厄除けの力があると考えるのと同じだ。カロチンやビタミンがたっぷりのカボチャと赤い小豆を食べて、冬の無病息災を願う。

年越しそばを、年を越してから食べてはいけないのはなぜ？

「年越しそば」は、お正月の用意や、おせち料理の準備がととのった後に食べることが多いので、夜遅い時間ということになるが、年を越してしまっては縁起が悪いとされている。遅くなったら、急いで食べなくてはならない。「年越しそば」を食べるようになったのは、そばが他の麺より切れやすいことから、「今年一年の災厄を断ち切る」縁起かつぎだ。だから、大晦日《おおみそか》の年越しの前に食べることに意味がある。年をまたぐと、新しい年に去年の災厄がついてきてしまい、縁起が悪い。

江戸時代には、金の職人が大晦日にそば粉を団子にして、落ちた金箔を集めたことから、大晦日のそばは金運を呼ぶという説もある。

除夜の鐘は、大晦日のうちに終わる。ホント？

違う。大晦日にＮＨＫの「紅白歌合戦」を見る人は、次の「ゆく年くる年」で除夜の鐘を耳にするだろう。近所のお寺の鐘も聞こえてくるかもしれない。大晦日のクライマックスだ。鐘を１０８つくというのは、人の煩悩が１０８あるとされるからだ。煩悩とは、「心を乱すもの」だ。１０７までは年内につき、最後の１０８は新年につくことになっている。鐘を一つついて、煩悩を一つ消していく。ゴーン、ゴーン、ゴーン、ゴーンと、強く弱く強く弱く交互につき、１０８番目の最後の煩悩は、新年について消す。

なぜ、正月飾りを12月29日と31日に飾ってはいけないか？

門松、松飾り、しめ縄、鏡餅などの正月飾りは、歳神様をお迎えするもので、年末に準備をする。しかし、29日は、「二重苦《にじゅうく》」とも読め、また、29日の松飾りは、29日の9《く》と松を合わせると「苦松《くまつ》（苦待つ）」に通じる。そのため、正月飾りを29日に飾るのは好ましくない、として避けられた。さらに、31日に飾ることは「一夜飾り」になる。「一夜飾り」は、31日は、翌日がもう正月なので、前日にあわただしく飾る葬式の準備を連想させ、嫌われた。歳神様をお迎えするのにふさわしくないのだ。

なぜ、正月に「門松」を玄関に立てるか？

門松は、歳神様が正月に降りてくる目じるしなのだ。正月は、年の始まりだから、これから一年間、みんなを守ってくれる歳神様を家にお迎えして、いっしょに過ごす。日本の神様は、木のこずえ（先っぽ）に宿るとされた。また、松は、冬でも青々としている。これは生命力の強さをあらわし、さらに「松」は「祀《まつ》る」、歳神様を「待つ」にも通じると考えられた。

それで、正月に歳神様を家に迎え入れるために、松を飾った正月飾りを家の門に立てるようになった。これが門松だ。歳神様はこの松を目じるしに降りてくる。松は枝だけでもよい。いま、門松は竹の方が目立つが、もともと主役は松なのである。

なぜ、正月に「鏡餅」を飾らなくてはならないか？

日本に水田稲作が広がっていき、稲は日本人にとってもっとも大切なものとなっていった。そして、歳神様は、稲の中に宿る霊魂を育てる神様だと考えるようになった。だから、お正月に歳神様をお迎えするために、収穫した大切な米を歳神様にお供えする。それもただの米ではなく、もっと力がみなぎる餅にした。「餅が力になる」というのは、「餅入りうどん」を「力うどん」というのと同じだ。お米を餅にして、重ね、いちばん神聖な場所（お床）に置いた。それが鏡餅だ。「床飾り」ともいう。鏡は、古代から神が宿る神聖なものとされていたので、お餅を丸い形（円鏡）にかたどった。だから「鏡餅」という。

鏡餅の上には、「ミカン」をのせる。ホント？

まちがい。ミカンですませる家庭も多いと思うが、正式にはまちがい。鏡餅の上にはダイダイ（橙）をのせる。ダイダイには、「代々家が続くように」という願いが込められている。

ミカンでは「代々」の意味がない。ダイダイは、冬に黄色くなるが、枝から落ちない。そのままにしておくと、夏にまた緑に戻り、2～3年それをくり返す。その間、次の新しい実もできる。つまり、同じ木に、数年の間にできた実がいっしょにぶらさがっている。それで「ダイダイ」だ。その様子が、親・兄妹・子・孫・親戚のみんなが集まって祝うお正月にふさわしい、とされる。

正月になぜ、「しめ飾り（正月飾り）」をかけるか？

しめ飾りは、「しめ縄」を輪にしたお正月飾りだ。しめ縄は、「糸」の字をあらわしたギザギサの白い紙（紙垂《しで》）をつけた縄で、神聖な区域と、その他を区別するためのしるしだ。だから、「しめ縄」を輪の飾りにした「しめ飾り」は、お正月に歳神様を迎えるための大切な飾りである。いまは玄関にかけるが、むかしは玄関だけでなく、勝手口やトイレ、かまど、納屋など、いろいろな場所にかけた。

しめ飾りには、紙垂だけでなく、ウラジロ、ユズリハ、ダイダイ、コンブ、エビなど、いろいろな飾りをつける。それぞれ意味がある。ウラジロは、裏を返しても心は白い。ユズリハは、親から子にうまく代替わりする（ゆずる）。ダイダイは、家が代々続く。コンブは、よろこぶ。エビは、腰が曲がるまで元気でいられる、などの願いが込められている。

元旦に掃除をしてはいけないのは、なぜ？

みんなが集まって正月のお祝いをしたあと、部屋が散らかっていると、つい掃除をしたくなるが、元日だけではなく、正月三が日は掃除をしてはいけない、とされている。元日に、家に歳神様が訪れて、福を持ってきてくれているからだ。せっかく訪れてくれた歳神様と福を、掃除して追い払っては縁起がよくないし、もったいない。江戸時代の商家の中には、やってきた福を逃さないように、雨戸を閉めきっていた家もあったという。

歳神様をお送りするのは、「松の内」が終わる1月7日だが、三が日を過ぎたら掃除をしてもいい。福を逃さないように、お正月の間は、部屋はなるべく散らかさないようにしたい。

なぜ、元旦の朝に1杯の水を飲むといいか？

むかしは井戸水で生活していたので、その年の最初にくむ水を「若水《わかみず》」といった。若水には生気がこもり、邪気をはらい、飲めば若返るとされた。寅の刻（午前4時）にくんだ新鮮な水を、まず神様にお供えし、その後、その水で雑煮をつくったり、お茶にしたりした。若水をくむときは、「黄金の水をくみます」といった縁起のよい唱え言をしながらくんだ。水道が完備しているいまでも、ミネラルウォーターを神棚にお供えし、そのあと、清々しい若水としてコップ1杯飲むといいのである。

お正月にはふだんの箸は使わない。ホント？

ホントだ。お正月のお祝いの食卓で、いちばん大切なのは、「神様といっしょに」

おせち料理を食べること。だから、おはしは両端が細くなっている「祝い箸」を使う。柳で作ってあるから、「やなぎ箸」ともいう。一方の細い方（先っぽ）は自分が使い、もう一方は神様が使うのである。

「やなぎ箸」の真ん中がふくらんでいるのは、食べることに困らないように、また、子孫が繁栄しますようにという願いが込められている。

おせち料理になぜ、黒豆、レンコンが入っているか？

おせち料理は、どれも縁起のいい料理である。縁起のいい語呂合わせだ。黒豆は「まめに暮らす」、数の子は「子だくさん」、ヤツガシラ（サトイモ）は、「頭《かしら》になる」、レンコンは「先の見通しがいい」、鯛は「めでたい」、ブリはワカシ→イナダ→ワラサ→ブリと「出世」する、エビは腰が曲がるまで「長生き」、たたきゴボウは、地中に深く根を張るゴボウのように「家がしっかり続く」、キントンは漢字で「金団《きんとん》」だから「お金がたまる」、などだ。

なぜ、正月に「お年玉」としてお金をもらうか？

鏡餅の「餅玉」の代わりだ。お正月は、歳神様を家にお迎えしていっしょに過ごす。鏡餅をお供えして、歳神様を歓迎するわけだが、お供えした鏡餅には、歳神様の魂が宿るとされた。この鏡餅を餅玉にして、家長が歳神様の「お年魂」「お年玉」として家族に分け与えた。これが「お年玉」の由来だ。だから、昔は「お年玉」は、鏡餅の餅だったが、いまはお金だ。お年玉は、年末のお歳暮と違って、目上の者が目下の者に渡す。目下の者が贈るのが、年賀である。

初詣は寺にお参りしてもよい。ホント？

ホントだ。お寺でもよい。初詣は、どこかの神社にお参りすればよい、と思われているようだが、本来は、自分の住まいから見て「恵方」の方角にある神社かお寺にお参りするのが正式。しかし、「恵方」の方角は毎年変わるので、めんどうくさい。このため、「恵方」にある神社・お寺にお参りするのは廃《すた》れてしまい、いまは、地元の神社、有名神社、ゆかりのお寺へ、というのがふつうだ。お寺にお参りするのは、亡くなった人は、三十三回忌のあとは、仏様になるとされているからだ。多くの日本人は、神様も仏様も信じているのである。

なぜ、正月に「すごろく」で遊ぶか？

すごろくは漢字で書くと「双六」である。つまり、二つのサイコロをころがして、二つとも（双）が6だったら、「最高」というゲームだ。「6」が二つで12だから、上がり（ゴール）をめざして一気にコマを進めることができる。縁起がいい。

室町時代からあった遊びだが、江戸時代に登場した東海道五十三次を進む「道中双六」、だんだん身分が高くなる「出世双六」は人気を博した。昭和の時代には、雑誌の新年号の付録に入っていて、家族みんなで遊んだ。

正月になぜ、たこあげをするか？

平安時代に中国から伝わったたこあげは貴族の遊びだった。「立春の季に空に向くのは養生の一つ」とされ、健康と幸福を願い広くおこなわれていた。「養生」とは、健康法のことだ。空に向かってたこをあげるのは、健康法だったのだ。旧暦では、立春（現在の2月4日ころ）が正月だったので、1873（明治6）年に新暦になってからは、現在の正月におこなわれるようになった。高く上がれば上がるほど、子どもが元気に大きく育つとされている。

正月になぜ、コマを回して遊ぶか？

コマは、奈良時代（8世紀）に中国から朝鮮半島の高麗《こうらい》を通って、日本に伝わった。だから「コマ（高麗《こま》）」という。高麗から伝わったものという意味だ。伝わったコマは、うなる音の出る「鳴りゴマ」だったらしい。そして、その音が悪霊をはらうとされ、新しい年のはじめに、一年の幸運を願って、ぶんぶん回した。いまと違って、昔は栄養も衛生状態もよくなかったので、病気になりやすかった。それを悪霊のせいと信じていたので、悪霊ばらいのコマ回しが正月の遊びの一つになった。

正月の羽根つきの羽根の形はトンボ。ホント?

ホントだ。羽子板は、「不幸をはね返す板」だから、女の子が元気に大きくなるようにという願いが込められている。羽根の頭の「無患子《むくろじ》」の黒い実には、子どもが病気をしないようにという意味がある。「無患子」とは、「子が患《わずら》わ無《な》い」だ。また、羽根の形はトンボに見立ててある。トンボはカをエサにする益虫なので、正月に羽根つきをすれば、カに刺されず、病気(日本脳炎など)にならないという縁起をかついだ。

なぜ、正月に「百人一首」をするか?

正月に百人一首をするのは、正月に子どもが夜ふかしできたことと関係がある。百人一首がいまのようにカルタとして遊ばれるようになったのは、戦国時代（15世紀）からといわれるが、庶民の間に広まったのは、江戸時代中ごろの元禄時代から。木版画の技術が進んで、カルタがたくさんつくれるようになったからだ。若者や子どもが集まったときに遊んだ。とくに、正月は、子どもが夜ふかしをしても大目に見たので、さかんにおこなわれた。正月以外は、早寝早起きの生活だから、あまり遊べなかった。正月に「大ヒット」した遊びだから、いまも正月に百人一首をする習慣が残った。

獅子舞のシシは「トラ」である。ホント？

違う。ライオンだ。といっても、アフリカのライオンではなく、インドのライオンだ。むかしは、スペイン、ポルトガルからインドまで、広い地域にこのライオンがいた。いまインドでは、北部の保護地区にだけいる。アフリカのライオンより小さいが、れっきとしたライオンである。インドの遊牧民は、このライオンを神様として崇拝し、獅子舞をした。それが、チベッ

ト、中国、朝鮮半島を通り、日本にやってきて各地の郷土芸能となった。

「鏡開き」は鏡餅を「割って」食べるが、なぜ「開く」か？

鏡餅をぜんざいや雑煮にして食べる「鏡開き」は1月11日の行事だ。このころお餅はカチンカチンになっている。だから、割って（砕《くだ》いて）食べるのだが、それをなぜ「開く」というかというと、「割る」「砕く」あるいは「切る」という言葉は、縁起が悪いからである。「鏡開き」はもともと武士の家で、正月の終わりを告げる行事としておこなわれていたが、武士の家では、「切る」「割る」「砕く」という言葉をとくに不吉として嫌った。いまは、柔道、剣道、空手などの道場に受け継がれている。

本書は、新講社より刊行された『雑学 子どもにウケるたのしい日本』を、文庫収録にあたり改題したものです。

坪内忠太（つぼうち・ちゅうた）
　1946年岡山県生まれ。慶應義塾大学卒。著述家。書籍編集のかたわら、「雑学」を収集。その知識を駆使して、累計65万部超のベストセラー『時間を忘れるほど面白い雑学の本』（竹内均・編／三笠書房《知的生きかた文庫》）シリーズの執筆にも協力。著書に、『アタマが1分でやわらかくなるすごい雑学』『1分で子どもにウケるすごい雑学』『日本語おもしろ雑学』（以上、三笠書房《知的生きかた文庫》）の他、多数ある。

知的生きかた文庫

つい人《ひと》に話《はな》したくなる 日本《にほん》のなるほど雑学《ざつがく》

著　者　坪内忠太《つぼうちちゅうた》
発行者　押鐘太陽
発行所　株式会社三笠書房
〒一〇二-〇〇七二 東京都千代田区飯田橋三-三-一
電話〇三-五二二六-五七三四〈営業部〉
　　〇三-五二二六-五七三一〈編集部〉
https://www.mikasashobo.co.jp
印刷　誠宏印刷
製本　若林製本工場

ISBN978-4-8379-8759-8 C0130

C50403